JN287931

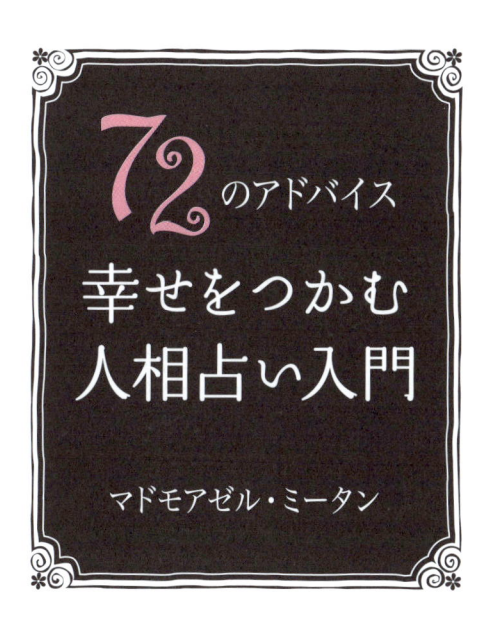

72のアドバイス
幸せをつかむ人相占い入門

マドモアゼル・ミータン

はじめに

あなたは自分の顔を見てどう思いますか？

その日その日によっても違う人はいるのではないでしょうか。

例えば、今日は顔色が良いとか、お化粧ののりが良くてイケてるとか。もちろん、その反対のこともあるかもしれません。

今日の顔は昨日の顔とは違いますし、そして明日の顔も今日と同じとは限りません。顔は日々変化していくものです。ですが、その一方で顔はあなたの生まれ持った資質や運勢などもあらわします。

変わる顔と変わらない顔、二つの面があるのです。

本書はそのような顔を見て人生を読み解く人相占いの入門書です。輪郭から耳までの72パーツでわかりやすく解説してありますので鏡を見ながら自分の顔をチェックしてみてください。また、本書では人相占いだけでなく、誰でも今日からはじめられる開運メイク術も紹介しています。

本書で紹介している開運メイク術は私のモデル時代のメイク術と占い師として多くの人へアドバイスをしてきた経験を元に、みなさんに幸せをつかんでもらいたいという思いが込められています。ちょっとしたコツで運を良くすることができるのも人相占いの特徴です。

自分を知るため、なりたい自分になるため、未来を明るくするために本書を活用してみてください。

新しい発見が、必ずあります。

CONTENTS

はじめに 3
「人相占い」って何？ 8

輪郭

輪郭があらわす性格 12
丸顔 14
タマゴ型 16
下膨れ型 18
面長型 20
逆三角形型 22
ベース型 24
しゃくれ顎 26

額

額があらわす性格 28
広い 30
狭い 31
出ている 32
生え際がアーチ型 33
生え際が直線 34
生え際がM字型 35
富士額 36
乱れ額 37

目

目があらわす性格 38
大きい 40

小さい	41
一重	42
二重	43
奥二重	44
つり目	45
たれ目	46
細目	47
間隔が広い	48
間隔が狭い	49
出ている	50
奥まっている	51
まぶたが広い	52
まぶたが狭い	53
まつ毛が多い	54
目のメイク術	55

眉

眉があらわす性格	**56**
まっすぐ眉	58
上がり眉	59
下がり眉	60
への字眉	61
緩いアーチ眉	62
長い／短い	63
濃い／薄い	64
眉間が広い／狭い	65
眉のメイク術	66

鼻

鼻があらわす性格	68
団子鼻	70
鷲鼻	71
とんがり鼻	72
段鼻	73
子どもっぽい鼻	74
高い／低い	75
長い／短い	76
太い／細い	77
鼻の穴　大きい／小さい	78
鼻のメイク術	79

口

口があらわす性格	80
への字口	82
開いている	83
ゆがんでいる	84
歯茎が出ている	85
大きい／小さい	86
口角　上向き／下向き	87
唇　厚い／薄い	88
口のメイク術	89

耳

耳があらわす性格	90
大きい／小さい	92
厚い／薄い	93
広い／狭い	94

CONTENTS

	耳たぶ 大きい／小さい	95
	耳のメイク術	96

その他

ホクロ	98
皺	100
歯	102
肌	103
髪	104
爪	108

参考文献	110
おわりに	111
著者紹介	112

コラム

心が充実していると顔もキレイになる！	27
その化粧、今着ている服と合っていますか？	67
忘れちゃいけないスキンケアの話	97
アクセサリーでも開運はできる！	109

「人相占い」って何？

人相占いは洋の東西を問わず歴史ある占いなのです！

人相学

　「人は見た目が9割」なんてことを聞いた人は多いかもしれません。もちろん、外見だけ良ければ中身なんて関係ない、ということではなく、外見が整っているのなら中身もそれと同じく端正である、ということです。つまり裏を返せば、中身がしっかりとしたものがあるのならそれは外見にも出てくるのだ、といえます。

　この「見た目」からその人の性格や運勢を読み解こうとするのが、「人相占い（人相学）」です。

　「人相占い」といっても東洋と西洋に分けることができます。

　西洋の人相占いの起源はギリシアといわれ、哲学者であるピタゴラスやプラトン、アリストテレスらに元をたどることができるといわれています。その後、18世紀後半にスイスのラヴァテール牧師が人の容姿と性格の結びつきについて論じた本をまとめあげて、多くの人に影響を与えました。これが人相学研究のきっかけとなり、現代まで続く西洋の人相占いの基礎となったとされています。

　一方、東洋の人相占いも歴史は古く、インドまたは中国が発祥の地といわれています。日本には1420年頃、僧侶である天山阿闍梨によって『先天相法』として伝わりました。その後、江戸時代にまで研究が続き、現代のような占法が確立されました。

　ところで、私たち現代人の顔も時代と共にかなり変わってきています。よく、日本人の顔が欧米化してきた、なんていいますが、それだ

け「顔」とは環境や文化、食べものの違いをあらわしたものといえるのです。つまり、顔は時代を反映したものなのです。ですから、人相占いで古風な顔と診断できる人は、古風な考えであったり古風なものを求めますし、センスの良い創造的な人は、やはりそういう人相になっているといえます。

プロのためだけのものではないメイク術
あなたの「顔」を活かせばさらに開運

　メイクにしても、昔は、顔を丸ごと全体的に変化させる原色系が多かったと思いますが、現在では、それぞれが持っている顔の良いものを引き出すための色合いであったりメイク術であるといえます。もちろん、ファッションに流行があるように、メイクにもそのときそのときの流行はありますが、それでも、ある芸能人に憧れて同じメイクをしていた時代とは違い、マネはするけれども自分の顔に合わせて、不自然なメイクをすることは少なくなりました。

　また、顔だけを見るのではなく、服装に合わせて全体をコーディネートするようになったのも、現代メイクの特徴ではないでしょうか。仮に自分に合ったメイクがわからない！　という人でも、ショップのメイクさんに気軽にアドバイスをもらえるようになったり、雑誌の特集やテレビ番組で見るちょっとしたコツを覚えたりできるようになったことも私たちにはうれしいことではないでしょうか。プロのメイクは芸能人だけのもの！　という時代ではないのです。

　はじめに「人の顔は常に変化している」といいました。環境や文化の影響を受けて人相は変わっていくことはおわかりいただけたかと思いますが、もう一つ人相に大きな影響を与える要因があります。

　それは時間です。赤ちゃんからおばあちゃんへと年を取るごとに人相も変わっていきます。

　素敵な年の取り方をしたり、良い環境や恵まれた愛情の下に育てば、人相も大きく良いほうに変化していきます。決して、生まれ持ったこの人相だから、その人の人生は悪い、ということはないのです。

人相というのは、心持ちだけでも、一日一日と変化するものですから。幸福感に満ちた生活を送っていれば、幸福な顔になっていきます。たとえ現状が悪かったとしても、自分の内面とそれを支えるメイクが幸運へのきっかけとなるのです。

モデルから占い師への大変身
内面を素直に出したメイクが成功の秘訣

　ちょっと話が脱線しますが、私自身の体験をお話ししたいと思います。
　私はその昔、モデルをしていました。モデルのときはつり目でクールな印象を周りに与えていました。ひょっとすると、「怖い」と感じていた人がいたかもしれません。おそらく、仕事の充実感というよりも、「大変！」という気持ちと厳しい環境にいたことがそのような顔つきにしていたのではないかと思います。周りを押しのけても「私が私が」と売り込んで前に出て脚光を浴びないと食べていけないモデル業界に私はなじめず、顔色はもちろん体調も不調なことが多かったのです。ハードな仕事のスケジュールで精神的にも追われて、自分自身が望んでいるような性格、人とのおつき合いなどの内面の充実も全くできませんでした。
　そんなとき、私はモデル業界から今の道へと大きく変えることを決意しました。モデルから占い師へ。全く違う環境となりましたが、それにより今では、「人を幸せにしたい」という私の思いや性格に合っている職業からなのか、周りからは「今のほうがいい」とか「明るくて元気になったね」とよくいわれるようになりました。それまでのクールな顔つきから優しい顔、自然な優しいメイクに変わったのです。そのおかげなのか、多くの相談者が来るようになりました。
　私の場合、あまりにも極端な変化かもしれませんが、環境を変えメイクも変え、内面の自分と素直に向き合うことで人相が大きく変わることを実感した一人です。ですから、仮に今、自分の顔を「悪い顔だ」と嘆いたり、「嫌いじゃないけど、この顔を変えたい！　でもどうした

らいいのかわからない……」と悩んでいる人がいても全く悲観することはありません。環境を大きく変えることは難しい人でもメイクなら今日からはじめられます。メイクでなりたい自分になりましょう。

　自分の顔が持つ長所を伸ばして短所はカバーする。

　当たり前のことかもしれませんが、メイクならいくらでも人相を良い方向へ変えることができるのです。本書でそれぞれ紹介している開運メイク術で運を引き寄せて、自分に自信をつけましょう。また、自分に自信が持てるようになると、明るいオーラを持てるようになります。オーラは誰しも持っているものですが、明るいオーラには人を引きつける力があります。

　自分の顔は自分でつくる！　生まれ持った運勢をより良くするかどうかは、あなた次第なのです。自分で良い相をつくる努力をしましょう。

人相診断のポイントは顔全体を見ること！ 顔を見ることで知らない自分に出合えるかも

　最後に、自分は「良い人相か？」もしくは「悪い人相か？」、さらには「あの人は良い相か？　悪相か？」などの人相を見極めるためのポイントをお教えします。それは、顔のパーツだけを見るのではなく、全体のバランスをつかむことです。顔には、輪郭や顎のラインがあり、目、眉、鼻、耳、口、といろいろなパーツで成り立っており、それぞれに大切な役割と意味があります（これはこれから説明します）。ですが、たんに「目だけ良いから良い運勢だ」とは考えずに、例えば、眉の形はどうなっているのかとか、顔全体に占める大きさはどうかとか大枠であっても顔の特徴をつかむことが大切です。これは、メイクをする際にも重要なことといえます。

　人相占いは、その人の長所や短所をハッキリと示してくれます。ひょっとしたら、「え？　私ってそんな性格だったの？」と驚くような発見があるかもしれません。

　それでは、今までのあなたとは違うあなたに出合うための、あなただけの「顔」を旅してみましょう。

輪郭があらわす性格

Faceline 輪郭

人相占いの第一歩
輪郭は人生をあらわします
キズや皺の位置は要チェック！

　輪郭は人を識別するにあたって、最もわかりやすい分野です。

　輪郭には、自分や出会う人の情報が集結した、人を見極めるのに重要なニュースがたくさん詰め込まれています。その人の持つエネルギーや生命力、運気もあらわします。

　識別するポイントとして、額やこめかみ、顎の広さと頬骨の形があげられます。この分類の仕方は、古代中国の「五行思想」からきています。五行思想とは、万物は木・火・土・金・水の五つの元素によって成り立っているという考えです。

　この考えに基づき、厳密に輪郭を分類すると、①木の性質にあたる「逆三角形」、②火の性質にあたる「三角形」、③土の性質にあたる「正方形」、④金の性質にあたる「長方形」、⑤水の性質にあたる「丸型」、⑥金と水が混在した性質にあたる「タマゴ型」、⑦木と火と土の混在した性質にあたる「ダイヤモンド型」、⑧木と火と水の混在した性質にあたる「ハート型」の8パターンとなります。

　この8パターンでそれぞれの性格などを見ていくわけですが、本書では、日本人の女性に多く見られる、丸型（丸顔）とタマゴ型、逆三角形型の3パターンに加えて、下膨れ型と面長型、ベース型、そして顎の特徴的な形であるしゃくれ顎について取り上げています。

　顔は上中下の三つの箇所に分けることができます。

　まず、髪の生え際から眉の上までを「上停」といいます。上停は人生の初年運をあらわしています。この部分が狭くなく、力強く目立つ

ような肉付きだと、運勢の強い人といえます。若くして成功を収めるタイプです。また、人間関係においても自分よりも目上の人からのアドバイスや縁に恵まれることになるでしょう。

　次に、眉から鼻の下まで、ちょうど顔の中間部分を「中停」といいます。この部分は中年運や財運をあらわしています。

　最後に、鼻の下から顎の先端までを「下停」といいます。下停は晩年運と家庭、部下などの目下の人間との関係をあらわしています。

　他にも、顔の左右を陰と陽で分けてバランスを見る方法や、顔の各部位に年齢を当てはめて人相診断する「流年法」などもあります。

　このように、輪郭だけでもその人の性格がよくあらわれていますが、目や口などのパーツと合わせることによって、より鮮明にわかります。

　また、輪郭の一部である顎からも人生がわかります。特にその人の地位があらわれます。

　例えば、丸く大きい顎の人は、肉付きが良く締まっていれば、家庭的な地位を得られる良い相といえます。人生山あり谷ありであっても、良い夫とめぐり会い良い妻となるでしょう。家族への愛情が深く、家族の喜びを見るのを自分のことのように感じ、幸せな生活を送れます。とても大きな愛情の持ち主であり、相手のことを批判や否定するようなことはしません。周囲から愛される人です。

　キズやシミなどがあるだけでも、幸運顔と不運顔に分かれます。

　ほかにも、顔の中でシミができているときは物事があまり上手くいっていなく、シミが薄くなってきたときはその災難が過ぎ去ろうとしていることをあらわしています。

　一般的に幸福顔とされているのは、あまりキズや皺のないキレイさと、目や口などの各パーツが大きく力強いことといわれていますが、これはあくまでも一つの目安です。いくら各パーツが大きければ良いといっても、顔の大きさに不釣り合いではそのパーツが持っているパワーも過剰になってしまうことに注意してください。

Faceline 輪郭 丸顔

丸顔のあなたはこんな人

ウラオモテのない丸顔のあなた
みんなから好かれる優しさは
ステキだけど計画性は弱いかも

　丸顔の人は心の穏やかな平和主義な人です。辛口な意見や不平不満をあまり口にしません。問題発言をして敵をつくることもありません。
　ただ、注意すべき点としては、計画性に貧困なところがあります。大目標はあるとしても、綿密な計画を立てることが苦手。そのため、先のことまで考えるのを投げ出す傾向にあります。気楽に、「明日は明日でなんとかなるさ」という思考です。
　人づき合いにおいては人当たりが良く、コミュニーケションを取るのも得意です。ムードメーカーでにぎやかな人が多いでしょう。みんなを楽しませてくれる、豪快で気さくな人です。
　その一方でとても野生的。欲求が強く、特に「食」や「性」への関心が強い人です。そのため、理性を失うことも多く誘惑に弱いところもあるのでは。思うがままに生きているからです。直感で動けるフットワークの軽さは良いのですが、それに独占されてしまうと知的な部分が減少してしまいます。
　考えが人に伝わりやすいのも特徴の一つです。ウラオモテがなく人に愛されます。しかし、窮地におちいると一人で解決するのが苦手かも。誰かにすぐ頼りたくなります。人に与えることも多いけれど、それ以上に与えられるものが多い相です。周囲からの助けで社会的にも成功を収める人が多いといえます。

LOVE
恋愛のメイク術

POINT!

恋愛運UPにはアイラインがポイント。真ん中を少し太めに入れてみて。

　丸顔の人は魅力があふれ、モテる人が多いです。意中の彼を引き寄せるためには、目がポイント！　目は恋愛をあらわします。潤んだ瞳で異性はあなたのトリコに！　目がよどんでいるときは不運の証拠。それを吹き飛ばし輝かせるためには、アイラインはまつ毛に埋めるように引き、真ん中を少し太めにしましょう。そして、目頭と目尻にラメのハイライトを入れましょう。下まぶたのアイラインは、あえて引くのはやめてみて。そのかわりに、上下のまつ毛は濃黒のマスカラを重ね塗りして、だまにせずエレガントな清潔さを演出しましょう。

CAREER
仕事のメイク術

POINT!

キャリア志向の人は、信頼第一！　ケースバイケースで、アイシャドーのカラーを変えてみて。

　依頼心の強い事なかれ主義の丸顔さんは、チークにオレンジを使いましょう。オレンジはやる気を出します。
　頬骨は会社での評判や自分の地位をあらわします。頬骨はふっくらとしていたほうが良い相。富に関わります。
　アイシャドーはベージュやブラウンなど、信頼度を得るカラーにしましょう。ブラウンの場合、アパレル関係や芸術系の人はゴールドブラウンがオススメ。キャリア志向の人は相手との信頼関係が大切。ケースバイケースでアイシャドーのカラーを変えることも必要です。企画を考えたいときは知性をあらわすブルーを。

MONEY
金運のメイク術

POINT!

丸顔さんは、大金が稼げるけれど、散財もしやすい人。鼻筋にハイライトを入れてみて。

　あるだけあれば使ってしまうという、豪快だけれど蓄財能力に欠ける丸顔さんは、「堅実」という言葉が最も似合わない人でしょう。社会的地位の高い人も多いのですが、それは人に恵まれるからです。
　蓄財能力を身につけ、買い物依存にストップをかけるためには、鼻筋にハイライトを入れましょう。特に出費が激しくてこの金銭状況をどうにかしたい！　という人は、額と鼻のTゾーンにもハイライトを。ライフスタイル全体を変化させます。小鼻が赤い人は貧困の状態にあるので、コンシーラーで消して艶を出しましょう。金運UPの秘訣です。

Faceline 輪郭 タマゴ型

**タマゴ型の
あなたはこんな人**

のんびりしたあなたの雰囲気に
みんなは癒されるはず
パートナーは年上が吉

　タマゴ型の顔の人は愛情深く、相手の気持ちをしっかりと考えてあげられる人です。相手の気持ちを察することもできるし、否定や批判も強くしません。人に親しみやすさを与え、思いやりのある人です。

　タマゴ型の顎が立派なほど、成功運があり計画性を持ってやっていけます。肉付きが良いと大成の証。ただし、夢を簡単に諦めず実行に移すことが必要です。のんびりすることが多いので、実行とやる気をみせましょう。

　特徴としてはなんといっても、周囲からの助けが多いことです。勝手に人が集まるといっていいほどに羨ましい相です。公私共に人との関わり合いが上手く、自分を成長させて、成功を勝ち取るでしょう。仕事上の多少の怠りやすれ違い、ミスも見逃してもらえますし、のんびりして鈍いようにみえますが、その穏やかなムードに癒される人も多いでしょう。

　特に目上の人や年長者と親しくすると、晩年運が好調になります。夫選びも年上が吉。子宝にも恵まれ、明るい家庭を築き、友達親子のように楽しめます。嫁姑問題も少なく、同居したとしても上手く架け橋をつくれる人です。

輪郭

LOVE 恋愛のメイク術

POINT!
モテる相だけど、誰にでも親切にしていると誤解されてしまうかも。鼻を明るくして自己主張して。

周囲に親しまれやすい相ですが、相手に流されないように注意しなくてはいけません。愛情深いので尽くす人が多いでしょう。でも、自分の主張も大切です。

鼻は自分の主張や自我をあらわします。明るめのパール感のあるフェイスパウダーをブラシで鼻だけ伸ばしましょう。自分の気持ちを伝えたいときは、ピンクベージュのグロスをつけましょう。全体的に恋愛運をUPするには、鼻が艶やかなほうが良い相です。艶のあるものを使って色分けをして。ファンデーションでワントーン明るく使い分けるなどしてみましょう。

CAREER 仕事のメイク術

POINT!
前髪を上げることで不運もなくなる！ まつ毛は長さよりもボリュームを出してみて。

人の恩恵を受けられる相をさらにUPするためには、額がキレイな状態が良いでしょう。色むらが出ているときは、不運のあらわれ。前髪を上げて額を出しましょう。シミは軽くたたくようにしてコンシーラーで隠して。フェイスパウダーは薄いゴールドを大きめのフェイスブラシでふんわりのせましょう。まつ毛はボリューム感のあるマスカラを根元からしっかりつけ、左右にゆらしながら持ち上げていきましょう。まつ毛パーマをかけて、ボリューム感のあるマスカラでも下向きにならないようにするのも秘訣です。エクステンションは長さよりもボリューム感のあるものを選んでみて。

MONEY 金運のメイク術

POINT!
キレイな弓眉でさらに金運UP！ 眉の端に白いハイライトを入れて明るくみせてみて。

無駄な出費はしませんが、人にお金を貸すなど、頼まれるとNOといえないところも。

眉上が白くなっていたり、すっと白い線が見え出したら金運UPの証拠です。眉はキレイに、ブラシで整えてからカットしましょう。弓のような眉が良く、自己主張ができます。眉の端に白いハイライトを入れましょう。顔全体が明るくなり、目もキレイにみせます。ハイライトはアイシャドーで代用してもOK。指で軽くなじませましょう。

アイラインは太めに、目尻に向かってすーっと伸ばしましょう。目尻のアイラインは上げ気味にしてみて。

Faceline 輪郭
下膨れ型

下膨れ型の あなたはこんな人

どんな困難にも立ち向かっていける
がんばり屋さん
たまには周りに甘えてみて

　下膨れ型の人は耐強く、勤勉な人です。目標や願望を叶えるためには、どんな困難や誘惑、邪魔が入ろうとも、見向きもせず突き進んでいける力強さがあります。一方で、おおらかで愛情のある人でもあります。強い意志だけでなく建設的で堅実な考えも持ち合わせています。ただし、情熱だけで突き進みすぎる傾向があり、過労を引き寄せる可能性も秘めているので注意が必要です。ストレスや悩みを人に見せず、自分で解決しようとするタイプです。

　プライドも高く、これによって人間関係を壊してしまうこともあるのでご用心。頑固なところもあるので、少し頭を柔らかくしてニュートラルになることも必要でしょう。情熱的な人ですから、何に対しても「コレ！」と決めたものには突進します。ときには相手の気持ちを考えることも重要です。しかしその反面、相手からの厳しい指摘に耐える力も持ち合わせていますし、相手への優しさも十分あります。自分の悩みを表現することが苦手ですが、少し人に甘えることをしてもいいのでは。

　顎の肉付きが良いほど、良い相となります。目標達成と現実的な考え方が功を奏します。心だけでなく頑強な肉体も持ち合わせた人も多いので、難問でも全力突破すれば目標を達成できるでしょう。

輪郭

LOVE
恋愛のメイク術

POINT!

控えめでもしっかりと個性を出せるクリーミーアイシャドーがオススメ！ 優しいオーラをつくれます。

　一目ぼれしやすく、相手に尽くします。そして、その愛を恩着せがましく求めることもしません。ただし、愛情表現が苦手なので相手から誤解されやすいかも。
　眉をアーチ型にして、ブラウンの眉ずみで優しい女性らしい雰囲気をつくりましょう。目の下のほうのベースにパールをたたき、アイシャドーは明るいピンクが良いでしょう。パウダーよりもクリーミーアイシャドーのほうが、色が控えめに出るのでオススメ。ポンポンとたたくようにして伸ばしましょう。
　頬には薄いチークを円を描くようにブラシで入れましょう。鼻に近いラインから入れるのがコツです。

CAREER
仕事のメイク術

POINT!

協調性のグリーンをアイシャドーに使うことで職場の人間関係も円滑に。

　仕事のできる人が多い相です。でも、頑固なため人間関係にヒビが入ることも。
　アイライナーはブラウンを選び、目が多少ハッキリする程度にだけ入れましょう。リキッドアイライナーよりもペンシルタイプを。目の際に点を入れ、引いていくと上手くいきます。
　チークにはブラウン系のオレンジを入れると小顔効果もUP。
　アイシャドーはグリーンで協調性をあらわしましょう。クリームアイシャドーの上に、グリーンのパウダリーアイシャドーをのせるとキレイに発色します。

MONEY
金運のメイク術

POINT!

ベースとして鼻先にゴールドパールを入れるとさらに金運UP！ 是非試してみて。

　お金にもきっちりしている相。貯蓄の才能もあります。ただし、ケチと思われることも。堅実なのは良いのですが、たまには大盤振る舞いも必要です。
　金運UPには目元にオレンジのアイシャドー。さらに貯蓄が増えます。
　鼻は茶色いトーンではいけません。トーンを変えて明るいファンデーションを使い、茶色い部分を隠しましょう。
　ベースは、鼻先にゴールドパールを入れましょう。ベースなのでファンデーションで隠れるから大丈夫。
　眉毛は自然な太さに描き、堅実さをキープしましょう。

Faceline 輪郭 面長型

面長型の あなたはこんな人

相手を考えて空気を読む力は
ダントツの面長型
アクティブさでさらにハッピーに

　面長型の人は頭の回転が早く、相手の気持ちを察して上手く行動できる才能を持っています。センスもあり典型的な美人顔といえます。

　知性にあふれる人です。創造的なので、ものをつくったりオリジナルな思考の芸術性があります。

　TPOに合わせ性格が変わるため、相手によって態度も違います。そのため冷たい印象を与えてしまうこともあるかもしれません。相手を立てることも大切ですが、自分の気持ちも上手く出せるようにコントロールしないといけません。人間関係にストレスを感じてしまうでしょう。

　鋭い知性を持つ反面、体力がない相です。特に内臓系が弱く、胃弱になりやすいかも。そのため大事な場面で物事を上手く進めることができなかったり、中断したりと悔しい思いをすることもあるのでは。体が弱く自分のやることに勇気を持てません。体力をつけて自信をつけましょう。

　アクティブというよりも内向的な人が多く、一人でいることを好む相です。アウトドアは不向きなので、自分でできるエクササイズをしてみては。体を鍛えて内向的な性格を克服できれば、仕事にプライベートにもっと活躍できるはず。

輪郭

LOVE
恋愛のメイク術

POINT!

普段から潤いのあるローズのリップクリームを欠かさず使って王子様をGET!

あまりアクティブでないあなたは、出会い運も少ないかも。行動に移すのも苦手なために王子様を逃していませんか?

フェイスパウダーにはラメ感や艶やかなものを使いましょう。これで出会い運UP。また、ガサガサ唇では良い人に出会っても相手の気持ちを遠ざけてしまいます。普段からリップクリームは欠かさずに、UVの入ったものを使いましょう。色はローズがオススメ。

眉と目の間は広くして、無駄毛はちゃんと除去しましょう。相手の気持ちに左右されてしまうあなたは、顎にハイライトをぼかして入れると効果大。

CAREER
仕事のメイク術

POINT!

太くて濃いブラックの眉毛と暖色系のアイシャドーでエネルギーも大幅UP!

体力不足で仕事が上手くいかない、勇気が出ないなど、支障があるかも。成功しても、額がシミなどで汚れていては運も後退してしまうでしょう。まず、額のシミはコンシーラーでポンポンとたたき消し、その上にファンデーションを。眉毛はブラックで濃く太めに描きましょう。アイシャドーは暖色系がオススメ。体力UPになります。

とにもかくにも、額のシミやキズはコンシーラーですべて消すこと。ファンデーションは、エネルギーの流れを良くするパウダリータイプを選びましょう。

MONEY
金運のメイク術

POINT!

チークは大きく描いて明るいオレンジにして。あなたのセンスをさらにUPさせるはず!

芸術的センスに長けた人ですが、行動に移すのが苦手です。一人で黙々とする仕事は向いてますが、企業に属してる人は仕事が続かなく、経済的にも恵まれないことがあるかもしれません。

頬は人気や人間関係をあらわします。チークは大きく描き、色は明るいオレンジにしましょう。気持ちも外向的になれます。アイシャドーはパープル系や寒色系がオススメ。これで資産家との結婚も夢じゃない! あなたの長所である創造やセンスの分野で稼げて貯金も増えること間違いなし。

Faceline 輪郭 逆三角形型

逆三角形型のあなたはこんな人

自己主張がハッキリしているあなた
人によってはキツいと思われるかも
相手をしっかり見てつき合って

　逆三角形型の人のテーマは、「美」。芸術、音楽、美容などに関心が高く、情報収集を怠りません。また、自然も愛する人です。創造性たくましく、強い生き方をしていく人です。そのため、生き抜く知恵のある人ともいえます。

　目上の人からも可愛がられるでしょう。自己主張もハッキリしています。年長者に好まれ引き立てを受けますが、同年代の同僚や友人となると、変に媚びるところもなくシロクロハッキリしているので、あなたを好む人とキツく感じる人と敵味方が分かれるでしょう。

　結婚となると、夫婦縁が薄いため夫選びに失敗しやすく、苦労しやすい相でもあります。スタートは良くても衰退したり、縁が持てなかったり……。もしくは、男性運を下げてしまうところがあります。愛のある生活を求めるには、慎重な夫選びが必要です。無鉄砲で早い恋愛はいけません。ましてやスピード結婚なんてもってのほかです。23ページの恋愛のメイク術で運気をUPさせましょう。

　創造性豊かな世界が大好きなあなたは、それを実生活に活かすと良いでしょう。積極的なタイプなので趣味を仕事にすると吉。

輪郭

LOVE
恋愛のメイク術

POINT!

ピンクオークル系のファンデーションと目の両端にハイライトを入れて結婚運の大幅UP!

ファンデーションはピンクオークル系を選び、フェイスパウダーはラメ感や潤いのあるもの、もしくはリキッドファンデーションを選びましょう。

眉はアーチ型に。眉と眉の間は広く取るのがポイントです。無駄毛もきちんと処理して。

口紅はマットなベージュ系を選びましょう。グロスは控えめに。そして、結婚運を上げる目の両端にハイライトを入れましょう。

額には広めに鼻上からハイライトを入れましょう。ベースはイエロー系のコントロールカラーを使えば判断力もUP。

CAREER
仕事のメイク術

POINT!

ブルーやパープル系で創造性を伸ばすのも良し。グリーンで協調性を出すのも良し。

創造性の豊かなあなたは、それを活かすためにもマットなベージュ系の口紅がオススメ。中央は明るい色、端には濃い色を立体的になるように塗りましょう。

目元はブルーかパープル系のアイシャドーなら創造性を、グリーンなら協調性がUP。

眉は眉頭を太めにして美しいアーチ型に描き、オリーブブラウンで短い部分や途切れている部分を描き足しましょう。

眉とまぶたの間を広げ、無駄毛を取り除きましょう。成功するには化粧水もたっぷりと使ってスキンケアもしっかりと。

MONEY
金運のメイク術

POINT!

三日月眉で芸術面も含めて金運UP! つけまつ毛でゴージャス感を演出してみて。

まず眉をブラッシングして、三日月眉にカットしましょう。芸術面により磨きがかかります。人気も得ることができるので、あなたの金運UPにピッタリです。

眉上のホクロは損害を受けるので、コンシーラーで消しましょう。Tゾーンにはパールの白いフェースパウダーをはたき、口紅はマットなオレンジ系やローズベージュ系を選びましょう。

チークは薄いオレンジ系がオススメ。目元はイエローゴールドをベースに、ブラウン系をまぶたの際にいくほど濃くなるようにグラデーションをつけましょう。まつ毛は孔雀まつ毛やつけまつ毛で演出してみて。

Faceline 輪郭 ベース型

ベース型のあなたはこんな人

周りをグイグイひっぱるベース型
プライドも大事だけれど
次善策を考えることも必要かも

　ベース型はタフな人です。がんばり屋さんで、心身共に頑強な人です。こだわりがなく、繊細さとはかけ離れたタイプ。神経もたくましく、些細なことでは悩みません。人の相談を受けることも多く、リーダーに向いているといえます。人に不快感を与える人ではありませんが、やや鈍いところもあります。面長型の人とは正反対で、アウトドアを好むアクティブな人です。みんなでワイワイ騒ぐことが好きな人でしょう。

　男性的な性格のため、結婚したらカカア天下になることでしょう。仕事においては人に使われるのが苦手なので、独立を目指すのも良いといえます。キャリアウーマンの才能もありますが、組織では権力を握りたがる傾向があるため、思い通りにいかないと暴言を吐くなどして相手を傷つけることもあるので気をつけましょう。

　プライドが人一倍強いので、自尊心を傷つける人を嫌います。目標を高く掲げることも大切ですが、ハードルを下げることもときには必要です。大業を成し遂げるには、マメにストレス発散を心がけることと、もしダメなときは……と想定しておくことが必要です。この二つのアドバイスを実行することが、あなたにとっての平和への道です。

LOVE
恋愛のメイク術

POINT!
アイメイクは可愛さとエレガントさを演出して。あなたの強固なイメージを優しくしてくれるはず。

男性的なあなたは、相手にちょっと入る隙間をみせる魅力も必要です。キャリア志向が強いので、男性が引いてしまうことも。または、不器用だったりして。

唇は厚いほうが吉相。出会いを求める人は口紅はオレンジ系。グロスも多めに使いみずみずしさを保って。唇を上下均等にするのはアウトラインですが、抵抗がある人はグロスをふんだんに使い、真ん中をふっくらとさせてみて。

アイメイクは可愛さとエレガントさが必須。まつ毛を長く伸ばすこと！ エクステンションやつけまつ毛もオススメ。眉はブラウン系で下げ気味に。

CAREER
仕事のメイク術

POINT!
ピンクベージュ系のアイシャドーで人間関係も改善！ みんなの人気者になれます。

キャリア志向のあなたには、それを妬む人がいたり、邪魔をされたりすることがあるかも……。自分を過信しているかもしれません。

そんなあなたの開運メイクは、目元はパウダリーアイシャドーのピンクベージュ系で、目上の人の引き立てと信頼を得ましょう。そして、人に安心感を与えるベージュ系のアイシャドーで同僚との人間関係を改善！ みんなの人気者に。

リキッドファンデーションとほどよいラメの入ったフェイスパウダーがオススメ。紫色のフェイスパウダーを使うと肌に透明感が出て創造性を高めます。

MONEY
金運のメイク術

POINT!
金運UPは美白が基本！ ファンデーションは白くみせて。髪の手入れも入念に。

衣食住に困ることのない相です。さらに大成するにはパウダリーファンデーションの艶やかなものを使い、鼻と唇の間を念入りに、ピカピカにしておきましょう。あてにしていたお金がきちんと入って来ます。

コントロールカラーは、茶色い顔の人はファンデーションをつける前に色味をなるべく白くみせるイエロー系またはベージュ系を選びましょう。ファンデーションはライトオークル系を選びましょう。

口紅はチェリーピンクがオススメ。髪もバサバサ髪ではいけません。栄養クリームで毎日栄養を与えましょう。

顎 Chin しゃくれ顎

> **しゃくれ顎の あなたはこんな人**

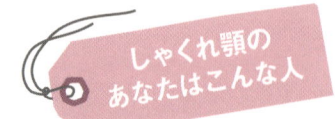

**自信と実力を兼ね備えた
一匹狼的なあなた
物事を続ける忍耐力も持ち合わせて**

　しゃくれ顎の人はもともと、歯並びが悪いなどの生まれ持ったものがありますが、実はとても精力的な人です。体力も人並み以上にあり、自信も人一倍！
　なにより、ほかの人にはない天性の才能に恵まれた幸せな人です。自分の好きな道や得意な道など選んだその道のプロとして、自信を持って突き進んでいけます。それは自信だけではなく、実現力と実行力があるからです。その意味で、真の実力主義者といえます。
　ただ、一匹狼的なところがあるので、グループ作業などの協調性には欠ける面も。そのため、自分の思いとは裏腹に、よけいな敵をつくってしまうこともあるでしょう。あなたを好く思っていない相手から横槍を入れられたりすることがあるかもしれません……ですが、あなたはそれに負けないだけの精神的な強さを持ち合わせています。一匹狼もいいけれど、たまには女性らしく優しい気持ちで相手と接してみては。そうすれば運勢はさらに上昇します。
　しゃくれ顎の人は運勢が暗転しやすいのも特徴です。物事を強行突破するのはいいのですが、持続的な努力と忍耐もときには必要となります。基本的に成功するタイプですが、「継続は力なり」と胸に刻んでみてはどうでしょう。

COLUMN

心が充実していると顔もキレイになる！

　顔とは摩訶不思議なものだ。

　自分の顔を「誰々に似ている～」ということはあっても、100人が100人似ているとは思わないだろうし、例えば「○○さんって親戚のお姉ちゃんに似ている」といわれても、その親戚のお姉ちゃんは誰も知らないし……。だから、自分の顔は似た顔はあっても、世界に一つしかない顔といえる。そんな自分の顔、好きな人も嫌いな人もいるだろう。でも、顔はその人の気持ちで大きく変わるのだ。

　例えば、恋をすると女性はキレイになっていく。失恋しても「次の恋にいってみよう！」と前向きに思う人は輝きを増すけれど、悲劇のヒロイン病の人は、お化粧はもちろん、髪やお肌のお手入れも何もしなくなってしまうのでは……。でも、いつかあなたの前に現れる白馬の王子様を待つまでのちょっとした休憩と思えばそれはそれでいいのかも。

　恋だけじゃなく心がトキメクとまぶしい人になれる。何かに夢中になっている人もそうだ。好きなことに夢中になっている人はなかなか老けないし、いい顔の年の取り方をする。そして、穏やかな結婚生活を送っている人は穏やかな顔になる。

　みんな周囲の影響や、自分の心の持ちようで顔つきは変わってくる。だから、もし今の自分の顔が嫌いなら、自分の好きなことに挑戦するのはどうだろう。好きなことだけじゃなくて、自分が周りから認められることをするのもいいかも。それは、些細なことでもいいと思う。

　周囲の人に「優しいね」とか、「仕事ができる人だね」などと認められることで、あなたの心の中に自信や余裕が出てきて、それがあなたの顔を輝かせてくれるはず。内面から出る「美」というやつだ。内面美はどんな美人にも敵わない。

額があらわす性格

顔の上部にある額は
あなたの将来像や
目上の人との相性をあらわす

Forehead　額

　額は、その人の才能や知識、アイデアや知恵がぎっしり詰まった、能力を見る上で最も重要な場所です。その人がどのような境遇で育ったか、どういう教育を受けて、子ども時代からどういう成長を遂げてきたかわかります。その意味ではこれまでの人生が幸運か不運かがわかります。

　例えば、良い額の人は、両親から愛情をたっぷり受け取り、環境にも恵まれ、英才教育を受けて育ってきたといえます。その反対に、貧困暮らしであったり愛情にも恵まれない苦しい思いをした人は、その苦労も額には出ます。

　理想的な額とは、肌に張りや艶があり、少し前へ出ている額です。周囲からの恩恵を受け、特に目上の人からの引き立てが多く、自分の思うように願いが叶っていく人です。肉が付いている立派な額で皺がキレイに刻まれている人ほど良い相です。100ページでも説明しますが皺の中では、額に3本の皺が美しく刻まれているのが最も良い相です。仮に不遇な境遇であっても、実力で乗り越えていける人です。一方で環境に恵まれて育った人は、それをさらに活かして人間関係もスムーズに進める世渡り上手な人で、周囲の人に可愛がられることでしょう。額は目上の人との関係をあらわすので、上司と自分との相性の良し悪しもわかるため、仕事においても大切なキーポイントとなるでしょう。

　また、額は未来のこともあらわします。将来あなたと関係するであ

ろう相手との相性も出るのです。

　額の形にもいろいろとありますが、特に富士額は大人の女性として魅力的です。男性受けも良いので髪で隠すなんてせずに、どんどん露出しましょう。ほかの額にもいえることですが、額はなるべく出したほうが運勢は好転します。もちろん、何でもかんでも出せばいい、というのはではありません。私も昔はパッツン前髪でしたが、額を出したときは運勢も好転！　ベース型の顔だった私にはその髪型がベストだったのでしょう。出す出さないはあなた次第ですが、額を出すだけで開運になるのでオススメです。

　額を判断する基準としては、額の艶や形、色（暗いとか明るい）、それに皺などです。結婚や仕事において、全体的な運勢の鍵を未来的にあらわしているのが額です。なだらかで肌艶のよい肉厚な額は、知的な雰囲気を持ち、情報量が多くてアイデアマン、もしくは鋭い閃きや知性のある人といえます。未来をあらわしているので、幸せな家庭や会社での昇進が訪れることでしょう。

　額の張りはメイク術というよりも普段のスキンケアが重要。張りを出すためのマッサージとパックを大切に。毎日パックをするのは面倒かもしれませんが、マッサージならできるはず。メイク前に、血流を良くするように優しくていねいに額を撫でて、顔のお肉をリフトアップしてみて。ちなみにパックは市販品じゃなくても問題ありません。化粧水をたっぷりとコットンにしみこませて、額に軽くのせておきましょう。このとき、額だけじゃなく顔全体にやると相乗効果が期待できます。これをちゃんとすれば化粧ののりが抜群に良くなります！

　もちろん、ファンデーションの塗り方も大切。また、ヘアケア用品は額や顔につきやすく、にきびや吹き出物の原因になるので注意しましょう。

　最後に良い額となるためのアドバイス。額は未来をあらわしますので、「明日はもっと楽しくなる！」と前向きな姿勢を持ち、パール感のベースと艶のあるファンデーションで、人生向上を実現しましょう。

Forehead
額 広い

**額が広い
あなたはこんな人**

額の広さは知性のあらわれ
みんなに好かれる姉御肌
額が丸い人は結婚に要注意

　額が広い人は頭が切れる人です。リーダーシップを取るのが得意で、尊敬される姉御肌です。当然、人気運もあります。みんなに愛される親しみやすい人柄があなたの最大の魅力。

　ただし、額が丸くなっていると結婚運が悪く、夫によって不運をもたらされたり、なかなか運命の相手に出会えなかったりすることがあるので要注意。

　それでも、額が広い人はもともとが強運の持ち主なので、ほかの顔のパーツでより良い運気にしましょう。

　メイクのポイントとしては、デートには優しい雰囲気を醸し出してくれるグリーンやピンクのアイシャドーを使ってみて。グロスはローズピンクがオススメ。これで意中の彼はあなたへの思いと結婚観を持ってくれるはず。

　額の広いあなたは幸せ者です！　でもこれはあくまでも天からの贈り物。それを大切にして、活かすことが大切だと肝に銘じて。

POINT!
魅力をさらに高めるのはグリーンかピンクのアイシャドー。グロスはローズピンクで決まり！

Forehead 額 狭い

> 額が狭い
> あなたはこんな人

みんなといるより一人を好む
内向的なあなた
たまにはわがままも必要

　一人でいるのが好きな額の狭いあなた。ショッピングも遊びもぶらりと一人で楽しめる人です。遊びといってもアウトドアではなくインドア派です。かといって、人づき合いが悪く社会性がないというわけではありません。

　内向きな性格のため、人に自分の思いや考えを伝えるのが苦手かもしれません。周囲からは表現に乏しいと思われることも多いのでは。仕事においてはある道を極めれば成功を収められます。辛抱強いあなたは、もっと自分を出してわがままになっても良いでしょう。そうしたほうがかえって運が開けます。

　メイクのポイントとしては、いつも無難にするのではなく、ときにはゴージャスに。デコルテにも金ラメをほんのりあしらい、茶色のチークにボリュームマスカラやカールマスカラをつけてみて。肌のブツブツやシミには暗めのコンシーラーで隠せば問題なし。心が外向的になりたいときに自信を与えてくれて、辛抱強く内向きなあなたを押してくれるはず。尽くし尽くされるという恋愛が叶うかも。

POINT!
引っ込み思案なあなたの背中を押してくれる、ゴージャスメイク。心も外向的になるはず！

Forehead 額 出ている

> 額が出ている
> あなたはこんな人

カンの鋭いエンターテイナー
気持ちも場も読む世渡り上手
ハッキリさせない余裕も持ってみて

　額が出ている人には、カンの鋭い人が多いです。相手の気持ちを先に読むことが得意なタイプ。人気運の高い頭の良い人です。相手の気持ちを読むだけではなく、性格的にも明るくにぎやか。その場の雰囲気に応じるのが得意なため、状況に合わせて上手く立ち振る舞える人です。

　知恵やアイデアがあり、その発想も堅実だったりユニークだったりとても自由。さまざまな場所で活躍できる、人気も実力もあるエンターテイナーです。

　人間関係も上手くこなせますが、どちらかというとさっぱりとした、シロクロハッキリさせるタイプです。ハッキリさせるのは大事だけど、ときにはグレーさも持ってみては。特にプライベートではのんびりすぎるくらいが良いかも。

　メイクのポイントとしては、仕事用にはアイシャドーは薄いオレンジをベースにして、際にグリーンのアイシャドーを使いましょう。あなたのやる気をさらにUPさせてくれます。グロスにはピンクをたっぷりとつけましょう。仕事ができるあなたには、素敵なオフィスラブが待っているかも……。

> **POINT!**
> ピンクのたっぷりグロスは、キャリアウーマンなあなたに恋の予感を与えてくれるかも。

Forehead 額 生え際がアーチ型

生え際がアーチ型の あなたはこんな人

女性に多いアーチ型の額
広いアーチが望ましいけれど
艶を保つことで開運が可能！

　一般的に、生え際がアーチ型の人は男性より女性に多いといえます。中でも広い額の人は、勤勉で真面目。周りからの信頼が厚い人です。自分の感情を上手にコントロールできることも魅力の一つ。そのため、相手に合った対応をするスマートな人です。人づき合いもとても上手。不平不満をあまり口にしないので相手に不快な思いをさせません。気持ち良く会話ができる人気者。

　一方、アーチ型で狭い額の人は、直感で物事を判断する人です。しかし、「何となく……」という面もあるため、迷いも多いかもしれません。人の話に流されてしまうところもあります。ピュアな感性の持ち主です。

　人気運がありますが、丸い額はなかなか結婚にありつけない相なので要注意。良い結婚をするためには艶を保つことが最重要！　スキンケアをしてしっとりと艶を持たせて。メイクのポイントは、パールのコンシーラーでTゾーンを常に明るく保つこと。口角を上げるように意識したり、表情豊かな顔になるように普段から意識してみて。

POINT!
良い縁を得るには日頃のスキンケアが大切！マッサージのときにニッコリ笑う練習もしてみて。

額 Forehead 生え際が直線

生え際が直線の あなたはこんな人

実力で仕事を成功に導くあなた
男顔負けの力強さもいいけれど
女性らしさも必要かも

　生え際が直線の人は堅実で実力派。実業家に多い相です。社会のニーズに合わせて作業を進められる人です。几帳面で仕事も効率良くこなします。実業家だけでなく、教授や科学者などに多いのも特徴です。

　同じ直線でも額の幅が狭いと、繊細で几帳面、傷つきやすい面が出てきてしまいます。自信や勇気を持てず大胆な行動は避けます。反対に幅が広くても、男性運が薄くなってしまい困りもの。負けん気で喧嘩になりやすく、男顔負けになってしまいます。女性らしさを出してみて。

　仕事で大成功を収める可能性の高いあなたは、恋の勝利者にも……と欲張りになりましょう。メイクのポイントとしては、アイラインにはブラウンを使い、眉はブラウンのアイブローペンシルでアーチ状に描き足したり、またはカットしたりするのが一番。ピンクのチークを頬とこめかみまでほんのりのせましょう。ラメのチークがオススメ。これで出会い運もUP。

POINT!
出会い運がUPするピンクのチークを軽く使ってみて！　これで可愛さもUP！

額 Forehead 生え際がM字型

**生え際がM字型の
あなたはこんな人**

芸術家なM字型の額
自分の好きな道を進むのが
成功のポイントです

　生え際がM字型の人は、創造性があり、モノを生み出したりすることが得意な人です。アートやメディア、マスコミ関係の仕事に向いています。もともと持っている力を上手く活かせば、夢は叶うでしょう。
　性格も明るく外向的です。ただ、家族に対してはあまり素直に物事を話すほうではありません。
　想像力たくましい人ですから、相手の心をつかみ取るのも得意です。モテるタイプといえます。同じ芸術的な志向を持つ男性にとって、あなたはたまらない相の人です。
　そんな創造的なあなたのメイクのポイントは、目の輝きをプラスして芸術性を高めること。白いベースのアイシャドー（パール）をまぶたと、目の下に塗りましょう。重くならないよう、ほんのりのせるのがポイントです。あまりにもギラギラしたゴテゴテメイクはNGです。その上にアイシャドーをのせればOK！　クリーミーアイシャドーだとパールが消えないのでオススメです。

POINT!
目の輝きをプラスさせてあなたの芸術性を高めてみて。ただし、ゴテゴテメイクはNG!

額 Forehead　富士額

富士額のあなたはこんな人

相手に尽くす富士額は
愛情豊かで恋愛も結婚も大成功！
愛される魅力も手に入れてみて

　富士額のあなたは愛情豊かな人です。恋愛運も良く、結婚しても良妻になるでしょう。しかし、人を信じやすいため相手に尽くしすぎたり、反対に自分が多情だったり……。それでも、結婚したら家庭に入る専業主婦に向きます。自己犠牲をしてまで相手に尽くす献身的で優しい人ですが、それでは自分の本当の気持ちを抑え込んでしまう可能性も。聞き上手で相談に乗ったりすることも多く、相手に癒しを与えられる人です。ただし、騙されないように気をつけることと、自分の惚れっぽさを忘れないことが大切です。
　そんな富士額のあなたに最も必要なのは、信念の強さです。あまり周りの空気や感情に流されないように！
　メイクのポイントとしては、ブラックのリキッドアイライナーを使って、切れ長っぽく目をスッキリとさせましょう。アイシャドーは寒色系がオススメ。口紅はベージュ系を選んでみて。目に力強さがあるぶん、口元は控えめにするのがポイントです。

POINT!
ブラックのリキッドアイライナーでスッキリ切れ長の目にすれば、強い自分になれるはず。

Forehead 額　乱れ額

乱れ額の あなたはこんな人

額の乱れは心の乱れ
自己主張のつもりが敵をつくることに
控えめにするのが開運への近道

　髪の生え際がグチャグチャになっていたり、ジグザグやギザギザになった額を「乱れ額」といいます。
　乱れ額の人は不満を抱きやすく、何事も斜めに見る癖があったりして、トラブルメーカーとなることが多いでしょう。目上からの引き立てもあまり受けられず、知らず知らずのうちに自らの悪い部分をみんなにアピールしてしまうこともあります。できることなら額は隠したほうが良いでしょう。自己主張は強いので、出世街道を歩みたいのなら目上の意見も受け入れる辛抱強さが必要とされます。反抗や否定は控えめを常にする、と心がけたいものです。
　額を隠すといっても、イメージが暗くならない程度に前髪を下げるだけで十分です。そうすることで災いは避けることができます。何でもかんでも自己主張するのではなく、一息入れる余裕を持ってみて。人相は環境に左右されるので、良い環境に身を置くこともポイントです。

POINT!
額を隠すだけのシンプルなメイク術。それでも効果はバツグンだから試してみて。

目があらわす性格

目は相手に良い印象も悪い印象も与える形よりも目の輝きを大切にして

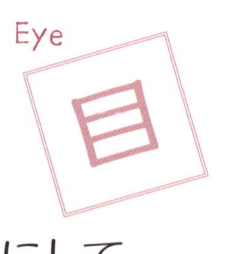

Eye
目

　どんな美人も、目の相が良くなくては悪い相となってしまいます。仮に顔立ちがあまり良くなくても、キレイに澄んだ目には誰しも引かれるでしょう。目は現在の状況や自分の生命エネルギー、体調の良し悪しがわかる場所です。目はまさに「見える」という場所ですから、多くの良い影響を受ければ、目は輝きを増すことでしょう。情報をキャッチし自分を高めれば、良い目になっていきます。黒目が濁っているときは、精神的に弱っているとき。白目が濁っているときは、肉体が弱っているときです。

　繰り返しになってしまいますが、それだけ目の表情は重要です。気分が重いときや運勢が滞ってしまっているときは、暗くよどんだ目をしていたりうつむき加減だったり……。逆に元気ハツラツで良い恋愛をしているときは、目は輝きます。好きな人に会ったときも、目はあなたの心をあらわしてくれます。「目は口ほどにものをいう」というように、目はごまかせません。目の表情というのは、自分の印象を左右するのです。

　モデルも目の表情で雰囲気づくりがバッチリ決まります。私は目の表情づくりのトレーニングとして、目を上下左右にぐるぐると回していました。いわば目のストレッチです。目のトレーニングをしてキレイな目、生まれたての赤ちゃんの澄んだ目を持ちたいものです。

　ところで、目の左右にも意味があります。左目は「父親」をあらわし、「陰陽」でいうところの「陽」のエネルギーを吸収するところです。

ほかにも、男性性や創造力の豊かさをあらわし、感受性もあらわしています。一方、右目は「母親」をあらわしています。女性的な温かい優しさや愛情を示しており、「陰」のエネルギーを吸収するところです。

　良い目の条件ですが、目と目の感覚が広すぎもせず狭ますぎもしない程度、目安としてはもう一つ分の目が入るくらいが良いとされています。また、目の輝きも重要です。たとえ目の形や目の周り全体の肉付きが良くても、目の輝きがなくては問題です。計画性がなくその場しのぎで調子よく暮らしたり、直感や衝動で行動し暮らすことになりやすいかもしれません。だからといって、目の輝きが強すぎるギラギラした目も悪い目といえます。輝きが強いほど、社会に不満だらけなのです。目の輝きはその人の生活をあらわしていますので、穏やかな生活をしていれば目の輝きは自然なものとなるでしょう。愛情ある暮らしや心が前向きになれば目は輝きます。良い目の人にはいつも良い仲間が集まってくるはず。

　顔のキズは不運を呼ぶものですが、目の場合も同じことです。キズはどこにあっても不運となりますので気をつけましょう。もし、自分の目が「悪い目だ」と感じているのなら、日頃の行動を変えてみてはどうでしょうか。例えば、人に親切にするよう心がけるとか、美しいものを鑑賞するとか……。

　私のモデル時代の話に戻ってしまいますが、モデルをしていたころ笑顔が苦手なときがありました。心から笑えなかったのです。口は笑っているのですが目が笑ってないと注意されるのです。いろいろと考えた結果、仕事を一緒に進めるカメラマンとのコミュニケーションができていなかったことに気がつきました。相手を信頼していなかったのかもしれません。目は自分の内面をハッキリあらわしているのだと実感しました。また、メイクさんがバッチリ私の顔を決めてくれると、必ず良い笑顔ができました。メイクによる自信が目の表情を豊かにしてくれたのです。

　これまでも説明してきたことですが、メイクで自信をつけると運勢は変わります。特に目はメイクしやすいところであり、かつ、人相学的にも重要な場所なので、開運メイク術で輝きを出しましょう。

Eye 目 大きい

目が大きい あなたはこんな人

目が大きいほど明るく開放的
平和な人生、ドラマチックな人生
どちらでも幸せをつかめる

　目の大きい人は自分をさらけ出せる開放的な人。とても明るく、話し上手で積極的。おしゃべりをするだけでなく行動的な面もあります。人から愛されるだけでなく、自分も愛情深い博愛主義者です。

　人生においては、平和的かドラマチックかの両極端、どちらかに分かれるでしょう。極端ではありますが幸せをつかめるでしょう。人づき合いにおいても、あなたの明るさに周囲はふんわりと明るいムードになるはず。それでも恋愛となると、ふんわりとした印象が一変し、積極的にアタックする恋の狩人に変身します。相手の心を読み取って上手く立ち振る舞える人です。

　黒目が輝いている人ほど、これらの要素は強くなり、みんなを受け入れられる愛の使者となるでしょう。

　メイクのポイントとしては、その魅力的な黒目を活かすことが大切。目の下と脇に白いラインを引いてみて。

　チークはピンクを使えば、さらに目力が上がります。

POINT!
何よりも目力UPが最優先！　白いラインはあなたの黒目をもっと輝かせてくれるはず。

Eye 目 小さい

目が小さい あなたはこんな人

自己アピールの苦手なあなた
真面目さを活かしてその道のプロへ
年を取るほどに運も開けます

　目の小さいあなたは、その小ささが性格にも出ているかも。自己アピールをするのが苦手なためすべての面において積極性が薄く、石橋を叩いて渡るタイプといえます。とても堅実的な考えを持ち、仕事も真面目にこなします。

　その真面目さはときに大きな偉業を成し遂げる力になってくれます。特に専門職で努力をコツコツと積み上げることに向いていますので、何かのエキスパートとして歩むのもいいかも。その反面、芸能関係やセンスを主体とする仕事には向いていません。幼少期に苦労する人が多い相です。ただしその苦労も年を取るごとに、薄まり運は開けていきます。

　開運は早いに越したことはありません。早咲きするメイクをしましょう。小さい目の人は、アイシャドーを控えめにすればキレイに見えます。アイラインはグルリとせずに、ブラウンのアイペンシルで真ん中をやや太めに引いてみて。寒色系やパープルのアイシャドーを薄くのせるのもいいかも。ギラギラしたラメでなくパール感のあるものを選んで。目がスッキリと大きくなります。

POINT!
アイシャドーを抑えることがキレイにみせるポイント。これであなたの運も早咲きに！

Eye 目　一重

目が一重の あなたはこんな人

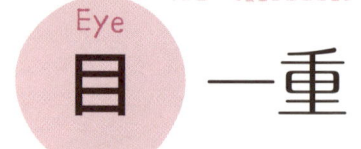

相談役にピッタリの一重
仕事も恋愛もマイペース
着実な歩みが花を咲かせます

　目が一重の人はがんばり強く、粘りのある人です。多少のことでは動じません。感覚も鋭く洞察力のある人が多いのではないでしょうか。相手のことを第一に考える心優しいあなた。そのために、自分の本音をストレートにいえないことが多いかもしれませんが、聞き役や相談役として友人からは愛されるはず。
　基本的にマイペースなため、わが道をいく人が多いでしょう。地道な努力が報われるタイプです。
　私も昔は一重で自分の目が嫌いだったことがありました。そんな思いを抱いている一重の人は多いのではないでしょうか。アイプチだけでも驚くほど印象が変わりますから試してみて。
　メイクの場合は、アイラインは細めにしましょう。アイシャドーは寒色系でスッキリと。

POINT!
アイプチであなたの印象を変えてみて。オレンジのアイシャドーもオススメ。

Eye 目　二重

目が二重の あなたはこんな人

フットワークの軽い二重
計画性がプラスされれば鬼に金棒
目が丸い人はみんなの人気者！

　目が二重の人は前向きで行動的なタイプ。フットワークが軽いため、やりたいことがあればそれをすぐに行動に移します。また、何事も悲観的にとらえず、ポジティブシンキングをするのが得意。ただし、計画を立てることなく行動してしまうために、準備不足で失敗した苦い経験も多いかもしれません。行動が早いあなたは言葉にも注意しましょう。口が滑ってトラブルの元になることもあります。ですが、フットワークの軽さを活かして上司の命令や指示をスムーズに進めることができれば、仕事面でも運気は開けるはず。

　二重で目が丸い人は表現力に優れています。穏やかで可愛らしい人と思われるでしょう。老若男女問わず好かれ、財運にも恵まれています。ちょっとした目標を持つことでメリハリが出るはず。特に黒目がちだと異性に好感が持たれます。

　メイクのポイントとしては、思考してからの行動を起こすためのブルーかパープルのアイシャドーを目の際に入れてみて。目の大きい人はアイラインは細めにしてみましょう。アイデアが湧き出るはず。

POINT!
過剰なほどにポジティブなあなたにはブルーのアイシャドーが冷静さを与えてくれるはず。

Eye 目 奥二重

目が奥二重の あなたはこんな人

機転と忍耐の奥二重
冗談も嘘も上手いあなた！
癒されたい人は多数いるはず

　奥二重の人はかなりの忍耐の持ち主。いざというときに機転が利く敏感な人。人間関係もあまりストレスを感じず、相手に合わせられる世渡り上手な人です。
　人を和ませるのが得意でしょう。冗談も上手いのですが、嘘も上手い！　冗談や嘘は問題がありますが、人当たりの良いあなたに癒されている人は多数いるはず。また、自分でも気がつかないほどに面倒見が良いので自然に人が集まって来ます。
　メイクのポイントですが、奥二重の人は印象として、腫れぼったくなりがちなので、暖色系でもブラウンもしくは薄いオレンジを選んでみて。仕事へのやる気が出てきて、相手にも信頼感を持ってもらえるはず。上司の引き立てもより良く得られるでしょう。
　また、アイラインは細めを常に心がけること。奥二重はほかの目よりもアイラインを太めにすると不自然になってしまう目なので、運気を逃してしまいます。

POINT!
重い印象を与えないためには細いアイライン！眉間にハイライトを入れてみて。

目 Eye　つり目

つり目のあなたはこんな人

キツい印象とは違い誠実なあなた
隠れた努力を重ねて成功
強がりすぎには注意して

　つり目の人は一見キツい印象を与えますが、実は、誠実でがんばり屋さんです。地味な作業も裏でコツコツやるタイプです。与えられた仕事はちゃんとこなしてハナマルをもらえる、隠れた努力の勝者です。みんなのお手本にもなるでしょう。

　組織としての仕事だけでなく、独立業やマネージメントにも才能があり、ユニークな発想で人を誘導できる天才です。

　表面上は強がってしまう、弱みを見せないタイプ。人づき合いのコツとしては、自分というものを強く出しすぎないことです。そうすれば十分愛されます。

　メイクのポイントとしては、つり目は一見近寄りがたい印象を与えてしまいがちなので、ピンクをアイシャドーだけでなく頬にも使ってみて。特にパープル系のピンクがオススメ。恋を見極める力にプラスして素敵な出会いがあなたに訪れます。

POINT!
アイシャドーとベースにベージュを入れて、際にゴールドを入れると金運UP!

Eye 目 たれ目

たれ目の あなたはこんな人

みんなに愛される恋の勝ち組
恋愛だけでなく仕事も大忙し
年を重ねてもステキな人生を送れます

　たれ目の人は親しみやすく、人の助けや恩恵を受けられる相です。人当たりも良く、特に中年以降良い年の取り方をする人です。みんなから親しまれる人気者。スケジュールは常に忙しいですが、多忙でも心に余裕を持って人生を楽しむことでしょう。

　男性にも惜しみなく尽くし、愛情を勝ち取る相です。恋愛と仕事を両立できる達人です。結婚運にも恵まれ、良き理解者に出会える可能性も大。また、家庭に入っても、上手くやりくりする才能があり、内助の功を発揮するでしょう。

　たれ目のあなたは恋にも仕事にも恵まれた人。尽くすだけでなく相手からのリターンをしっかりと手に入れるためには、眉はブラウンでアーチ型にしっかりと描き、ピンクの口紅を使ってみて。

　また、髪を下ろしている人は思いきって額をハッキリと出すようにしましょう。玉の輿にのれます。

POINT!
仕事運を上げるには、ブラウンのリキッドアイライナー。目の下は、3分の1までに抑えること。

Eye 目　細目

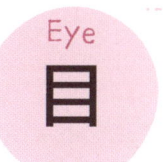

細目のあなたはこんな人

相手に安心感を与える細目
周りと協力できる組織型
アジアンビューティーな目がステキ

　細目の人はとりわけ会社組織に向いています。地道な活動を続けて周囲の援助を受け、大成功していく才能があります。優しさあふれる世渡り上手。趣味を始めればとことん追求する凝り性でもあります。

　感受性豊かで、人の気持ちが良くわかり、温もりを周囲に捧げる癒しの人。ただし、喜怒哀楽はあまり表面には出しません。真面目で純粋なため、人を信じやすい傾向があります。もちろんそれは大事なことで、たいていは信頼も得られるでしょうが、ときには注意深く相手を観察してみては。

　細目の人は大きい目に憧れることが多いのではないでしょうか。憧れる気持ちもわかりますが、細目は美しいと私は思います。日本人ならではのアジアンビューティーな目は相手にも魅力的に映るのでは。

　もし目を大きくみせたいのなら、暗めのトーンのコンシーラーでまぶたを塗ってみて。凹凸が出ることで、目を大きく奥行きがあるようにみせてくれます。

POINT!
そのままの目を活かすのも吉。オフィスでは、アイラインを切れ長にしてみて。信頼を得られます。

Eye 目 間隔が広い

目の間隔が広い あなたはこんな人

友人や恋人に恵まれるあなた
仕事はマイペースを保って成功
ハッキリ自分の考えを出してみて

　目と目の間隔が広い人はのほほんタイプ。自分の意思を強く押し出さないため、それがかえってみんなからの好感を得ることに。みんなに愛される力の天性の持ち主。

　ただ、のんびり屋さんなので、せかせかした仕事は向いてません。自分のペースでやれる仕事が最適です。穏やかな雰囲気のあなたは、異性からも注目される人気者です。友人運に恵まれているので、他力でも成功できる人です。楽しいことを常に追求し、みんなとワイワイやるのが好きです。派手に目立つことはしませんが、周囲をまとめる力があります。

　メイクのポイントとして、目と目の間隔が広い人はストレスを溜めやすい傾向にあるので、それを解消しましょう。まずはグリーンのアイシャドーに、アイラインを太めにしっかりと入れてみて。

　口紅は控えめにベージュブラウンがベスト。そうすれば、自分のいいたいこともすんなりといえるはず！

> **POINT!**
> 寒色系やグリーン、ブルーのクリーミーアイシャドーもオススメ。相手との仲が深まります。

Eye 目　間隔が狭い

目の間隔が狭いあなたはこんな人

流行を敏感にキャッチできる
目と目の間隔が狭い人
センスを活かせば恋愛も上手くいく！

　目と目の間隔が狭い人は先見の明のある人。流行に敏感なので、誰よりも先に情報をつかみ、先手必勝を得ることができます。仕事のライバルがいたとしても、新しいものを提供する情報や材料も豊富なあなたは、周囲から一目置かれることでしょう。

　適職としてはアパレル業やデザイナーに向いています。創造性と独自の提案をつなげるセンスを持っているため大活躍できます。

　恋愛にしても、恋には盲目になりませんが、相手に不快感を与えず心地良くさせる愛の狩人。何よりも、相手の心を読んで気遣いができるのが最大の魅力。

　さらにステキな出会いを獲得するためのメイクのポイントは、目をパッチリさせること！　角度をつけながらビューラーで持ち上げてみて。まつ毛パーマもいいかもしれません。マスカラをたっぷりとつけましょう。根元にしっかりつけるのがキレイに仕上げるコツです。

POINT!
相手の心をより良く読みたいときは、パープルのアイシャドーをつけましょう。目力もUP！

Eye 目 出ている

目が出ている あなたはこんな人

人の上に立つ能力のあるあなたは
相手の気持ちが良くわかるので
恋愛でも早くゴールしそう

　目が出てる人は人の心を良く理解できる優しい人。鋭い観察力がほかの人よりも優れています。そのため、人の意見を良く聞き配慮のできる気配り屋さん。また、人の上に立つのが上手で、キャリアウーマン志向の人も多いのではないでしょうか。あなたがトップになると、周りへの気配りを忘れないので、同僚や部下などみんながあなたに賛同してくれるはず。マネージメントも上手いため仕事上の目標も達成できるでしょう。

　恋愛においても、相手が求めているものを理解してあげられる人です。そのため、交際するのにも早い段階で決まることが多いです。

　いくらキャリアウーマンでバリバリ出世を目指し、常に仕事にまっしぐらなあなたでも、運命の出会いが欲しいのでは。そこでメイクのポイントとして、アイシャドーはアクアブルーからブルーへとタテにグラデーションになるようにつけてみて。オレンジもオススメ。これで仕事も許してくれる結婚相手との出会いを手に入れましょう。

POINT!
オレンジのアイシャドーもあなたにはいいかも。仕事上のトラブルも和らげてくれます。

Eye 目 奥まっている

目が奥まっている あなたはこんな人

黙々と努力を重ねる慎重派
秘めたる情熱を出すことで
彼はあなたのトリコに！

　目が出ている人とは反対の、目が奥まっている人は、人一倍努力を惜しまない粘り強い人です。用心深く、人に騙されることはまずありません。とても慎重派です。周囲の悪口や噂に流されず、黙々と仕事をこなしていける人です。
　表立って口に出したり表現はしませんが、心には熱い情熱のある人です。寡黙なため、口を滑らせての誤解やトラブルメーカーになることはありません。口下手かもしれませんが、内に秘められた情熱を意中の男性にアプローチすれば大成功！　相手はあなたの無言の愛を受け止めてくれるはず。
　表現下手なあなたはメイクで開運しましょう。相手に上手く思いを伝えるためには、アイホールに白いパールをあしらい、パレットなどでグラデーションをつけてみて。アイシャドーは優しさと可愛らしさのあるピンクで決まり。まつ毛はエレガントにしたいので、ロングタイプかカールタイプがオススメ。

POINT！
アイラインは引かずに、白いラメのアイシャドーをベースにピンクをのせるのもオススメ。

Eye 目 まぶたが広い

まぶたが広い あなたはこんな人

読心術に長けたあなた
流行にも敏感だから
華やかな仕事に向いているかも

　まぶたが広い人は、相手の心の奥深くを見る読心術のできる人です。仕事では相手の要求を根こそぎ理解できるでしょう。芸能関係や美容師など、流行に敏感だったり、お客様となる相手の要求に応えられる才能を活かせる仕事が向いています。楽しみながら仕事をこなして夢を実現させる力を持っています。

　恋に関しても、立ち振る舞いが美しく、相手を魅了することでしょう。TPOに応じて対応できるので、相手はあなたのそんな心遣いに憧れを抱くことになるのでは。

　メイクのポイントとしては、薄いアクアブルーをアイホール全体に伸ばし、だんだん濃いブルーとなるようタテにグラデーションをつけましょう。目がスッキリとし、研ぎ澄まされた知性がつきます。アイデアも湧きやすくなるので、オフィス向きです。若々しさを演出したり、アンチエイジングには薄いレッドをアイホールに入れてみて。そしてオリーブグリーンをまぶたにのせて決まり！

POINT!
ビジネスの場では、黄みの強いブラウンのアイシャドーがベスト。これで商談成立！

Eye 目 まぶたが狭い

まぶたが狭い あなたはこんな人

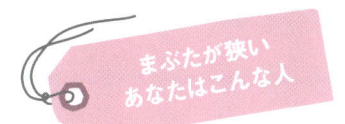

ピュアで明るい芸術家タイプ
優美なものを常に追い求め
恋に対してもストレート

　まぶたが狭い人はピュアで純粋な人が多く、明るくて元気で快活！　根明な人です。アートや音楽、芸能や絵画などの才能の持ち主。何よりも、その能力を実現させる力があるのが素晴らしいところ。拝金主義ではなく「美」を追求し、優美なものや美しいものを追い求め愛してやまない芸術肌。そのためとても純真な心の持ち主なのです。

　恋に関してもストレート。一途でわき目を振りません。そんな一生懸命でまっすぐなあなたに魅了される男性も多いのでは。

　もともと「美」に関心が深いあなた。コスメフリークも多いのではないでしょうか。コスメの好きなあなたには、まずはオフホワイトのアイシャドーをアイホール全体にのせ、そしてまぶたの脇と際にパープルをあしらいふっくらとさせましょう。これでますます美的感覚が優れ、デザイナーやアーティストなどその道のプロとして進むことができるはず。

POINT!
相手に想いを伝えたいときは、ピンクのグロスを唇の中央に多めに塗りましょう。

Eyelash まつ毛 まつ毛が多い

まつ毛が多い あなたはこんな人

まつ毛が多いほどに愛情も深い
良妻賢母なあなただから
家庭づくりもパーフェクト！

　まつ毛の多い人は愛情豊か。相手の内心を読み取る冷静さも持ち合わせています。

　まつ毛は多いほど恋愛運はUP。人気運もあるのでオフィスでも何だか放っておけないあなたに、周囲の人々は思わず助けたくなるのではないでしょうか。でも、それに対して甘えるだけでなく、きちんと恩返しをできる良心的な人です。

　人生においても恋愛色が強く、仕事よりも恋愛という人が多いでしょう。結婚後は良妻賢母となり、夫婦仲良く温かな家庭づくりをできる人です。

　多いまつ毛をハッキリと立たせるだけであなたの魅力はさらにUPします。

　まつ毛の少ない人にとっては憧れのまつ毛！ 少ないと悩んでいる人はカールマスカラとロングマスカラをつけ瞳を輝かせましょう。アイシャドーは薄いパープルを目尻の際に入れてみて。仕事にもがんばれるようになります。マスカラはだまにならないように、つけた後はブラシで軽くとかすことをお忘れなく。

POINT!
まつ毛で悩んでいる人はロングマスカラでエレガントに演出してみて

運気を上げるメイクアップ術

目のメイク術

LOVE 恋愛のメイク術

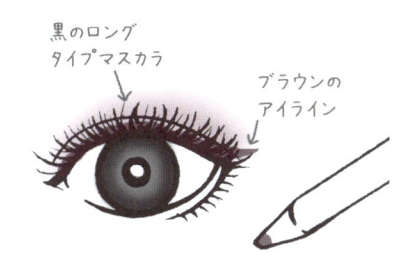

黒のロングタイプマスカラ
ブラウンのアイライン

アイラインはペンシルタイプのブラウンを使ってみて。ビューラーでまつ毛をしっかり上げて、濃黒のマスカラをボリュームタイプとロングマスカラタイプと合わせて使いましょう。チークはピンクがかったオレンジで出会い運UP。

CAREER 仕事のメイク術

グリーンのアイシャドー
アイラインはリキッドで！

アイラインはリキッドタイプを。グリーンのクリーミータイプのアイシャドーを使い、お昼休みにはしっかりメイク直し！　口紅はピンクベージュで、人間関係改善と上司の引き立て運UP。

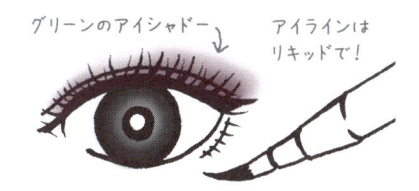

MONEY 金運のメイク術

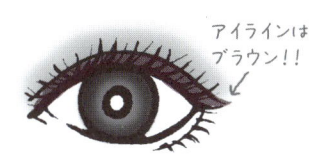

アイラインはブラウン！！

アイラインには金運を呼ぶブラウンを。眉はしっかりと太めのアーチ型。口紅はローズで決まり！　グロスはたっぷり塗りましょう。これで一攫千金も収入UPも夢じゃない！

眉があらわす性格

あまり気にしないけれど実はとても重要な眉 理想の眉をつくって開運

Eyebrow
眉

　眉は前髪で見えなかったり、特別でない限り重要視されないように思える部分ですが、実はその人の人生さえも動かす、非常に重要な部分なのです。重要なパーツですが同時に眉は簡単にメイクアップで変えられます。そのため運勢を良くする良い眉をつくりたいものです。
　眉は、その人の感覚や感情、名声やアイデア、それに知性がわかる場所です。理想の眉とは①アーチ型で、②毛並みが美しく、③眉尻に向かって細くなっていく眉です。眉と眉の間は指2本分が良い相で、目と眉の間は指1本半分が理想的。
　眉は自分で変えられるので、良い眉を描くようにしましょう。ちょっとしたことですが眉を描くことで運勢が好転します。
　眉は特に親族との縁を深くあらわします。眉の部位では眉頭が人間関係をあらわします。良い眉ほど親族とのトラブルもなく、良縁に恵まれるということになります。
　また、眉頭は人生の初年期の運勢をあらわし、眉尻に向かうほどに晩年期となります。ほかにも、眉尻がへこんでいると財運に乏しいのですが、膨らんでくると財運が上昇してくる証拠です。
　普通年を取っていくと眉は白くなりますが、若いときに白い眉が生えてまじってきたら、健康注意のサインととらえましょう。
　ここで私がモデルのときの話を少しばかり。実は、当時の私は眉を整えるのが苦手で、よくそんな私をマネージャーは「眉毛！　眉毛！」と呼んだりしていました……。撮影時に整えてもらいメイクさんに注意されることもしばしば。眉毛が多かったので、あるメイクさん

からは「ワイルド系目指してるの？」といわれたこともありました。髪型などは事務所が決めていましたので、パッツン前髪の私は眉毛が隠れていることをいいことにメイクをサボっていました。占い師になってはじめて、眉の大切さを知るようになったのです。

　昔は黒目の横上に眉山が来るようにするのが定番でしたが、現在は黒目と白目の半分の上に眉山を持って来るのが流行です。

　現在は女性が社会で大活躍する時代ですが、一時期流行した太い眉、あのときは男女平等と女性が社会に進出していった時代であり、時代の流れとマッチしていたのでしょう。

　また、髪の毛の色に合わせて眉毛を茶色にすることも多くなってきました。眉は毛1本だけでも「失敗！」という事態に陥りやすいので、苦手だったり面倒な人はサロンや美容院で定期的に整えてもらうことが開運上も成功への近道だといえます。

　優しい人には八の字眉の人が多いといえます。優しい性格のため人には恵まれますが、仕事でキャリアを積んでバリバリ働きたいと思うなら、濃くて太い眉がいいでしょう。まずペンシルで描いてから、いらないところをカットするか剃ってしまいましょう。つくる眉では、勝利の証の上がり眉が流行しているのも今の時代ならではなのかもしれません。メイク雑誌も多数ありますし、眉、目、口、まつ毛など各パーツそれぞれに細かく書いてあるので、あまり悩むことなく自分にあったメイクを選べるのではないでしょうか。

　最後に眉のメイクをする上での大切なアドバイスを。眉は人生を左右する大切なものです。でも、人それぞれに仕事や恋愛に対しての考えや理想が違うはず。マネをするのも大切ですが、理想を実現する眉となるように自由に描くのが一番だと思います。この後の説明を参考にして、自分の願望に合った眉を探してみましょう。

Eyebrow 眉 まっすぐ眉

まっすぐ眉の あなたはこんな人

どんなジャンルでも才能を発揮し
なりたい自分になれる強さを持つ
天才肌のまっすぐ眉

　まっすぐ眉は多才で、会社に属しても、上へ上へとリーダシップを発揮する人です。独立業や組織以外でも才能を発揮できる天才肌。将来的に「こうなりたい！」という明確な計画を立て実行に移せるタイプ。

　頭脳明晰でアイデアも豊富です。ＴＰＯに応じて対応できるため、企画や提案も抜群に上手いです。先生にも向いています。頭脳明晰でリーダーシップの強いあなたですが、人当たりも良いため相手の調子を狂わすこともなく、不快な思いはさせないでしょう。

　人づき合いも上手いあなたですが、恋のライバルに打ち勝ちたいなら上がり眉にしましょう。メイクのポイントとしては、眉毛の流れを下から上にそって描くこと。そして顔全体の皺を隠すクリーム状の下地で、凹凸や吹き出物を消してキレイにしてください。このベースの上に艶のあるファンデーションを塗ればＯＫ！　リキッドファンデーションは手で伸ばしてからスポンジでなじませましょう。

POINT!
アイラインを目尻までしっかり入れて、口角が上がるように口紅を筆でラインを引けば高感度UP！

Eyebrow 眉　上がり眉

上がり眉のあなたはこんな人

周囲を圧倒するほどの行動派
恋愛も度胸で勝負！
キレイな上がり眉は大成功の証

　上がり眉の人はとても行動的な人。周囲に流されず、他の人に頼らず、目標を達成。活動的で野心家です。そのアクティブな行動は周囲を圧倒させるほど。でもそれは、他力に頼らないあなたのとても良いところで、周囲もあなたに憧れるでしょう。

　仕事だけでなく恋愛においても他力に頼ることなく、持ち前の度胸と実力で成就できる人。

　眉がキレイな美しい眉（毛並みが良い）だと、大成功を収める可能性も大いにあります。

　実力派のあなたは常にキレイ眉をキープすることが大事。仕事運をもっと上昇気流にしたい場合は、より濃く描いてみて。特にブラウンがオススメ。仕事も大切だけれどプライベートも重要！　プライベートが充実してこそ、艶やかな肌となり化粧映えもするのだから。

POINT!
現状維持でも十分だけど、ブラウンにイメチェンするのも吉。さらにできる人になれます。

Eyebrow 眉　下がり眉

下がり眉の あなたはこんな人

温和な下がり眉は人使いの達人
リーダー格ではないけれど
組織で重宝される人気者

　下がり眉の人は人の力を上手に利用できる達人。それはあなたが人気者な証拠！　一見か弱そうにみえますが、実際は芯がしっかりした辛抱強い人。いろいろな分野で活躍できる臨機応変なところもあなたの長所。

　人づき合いにおいては、相手の気持ちを良く考えられる人です。協調性豊かで、リーダーというよりは和ませ役の人。とっても優しい心の持ち主です。性格だけでなく話し方も温和なほうかもしれません。その一方でときおりユニークなところもみせたりして愛嬌があります。自分を犠牲にしてまでは尽くしませんが、愛する人にだけはとことん尽くすタイプです。

　眉を上げるように描くと出会い運UP！　温和でユーモラスなあなた、出会いさえあれば、男性もあなたの魅力のトリコになること間違いなし。デートにはオレンジのリキッドアイシャドーがオススメ。まつ毛は孔雀まつ毛に！　ボリューム感を持たせましょう。

POINT!
額と鼻筋と顎に、肌色に近いコンシーラーのハイライトを入れてみて。開運の秘訣です。

Eyebrow 眉 への字眉

への字眉の あなたはこんな人

現実的ではあるけれど
夢を求める冒険家！
ドラマチックな恋をしそう

　眉が「へ」の字になっているあなたは、夢を求める冒険家！　でも、とても現実的な側面も持ち合わせているので、夢と現実両面の変化を楽しみながら生きていける人。金運も良いので将来お金に困ることはないでしょう。

　片方の眉だけがへの字だと、とっても金運の良い証拠！　大邸宅も夢じゃない！

　行動的なあなたはマスコミ関係の仕事が向いていることでしょう。共同作業よりも専門職のほうが向いています。フリーランスが一番かもしれません。恋愛も波乱万丈ですがそれを楽しめるポジティブ思考の持ち主です。

　束縛されるのが大の苦手なあなたは、会社組織には向かないかも。もしキャリアウーマンとしての道を歩まれるのなら、イエローグリーンのアイシャドーをアイホールに伸ばし、グリーンのアイシャドーを際に向かって濃くグラデーションのようにのせていけば、人間関係に救われるはず。オフィスでストレスを感じたら、眉に丸みを持たせるか、もしくは前髪を下ろしてみて。

POINT!
冒険家なあなたには、エネルギーを活性化するイエローやオレンジのアイシャドーがオススメ。

Eyebrow 眉　緩いアーチ眉

緩いアーチ眉の
あなたはこんな人

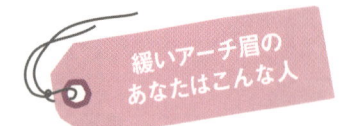

理想的な眉の一つ
存分に自分の夢を追い求めて！
芸能方面への道もいいかも

　緩いアーチ眉の人は感受性豊かで、芸能や芸術方面に優れた人。性格も温和で争いごとを嫌う平和主義者。そして何といっても、運とツキに恵まれた星の下に生まれた人。そのため、自分が思っている以上に楽に欲しいものが手に入ります。とっても理想的な眉です。

　夢を追いかけるにも、自力以外に周囲の恩恵に恵まれる人気者なので、援助を存分に受けて夢を実現させてください。生まれつきの運の良さを活かし社会に貢献しようとすれば、あなたの思い通りに物事は運んでいきます。是非、その力をみんなに分けてあげて。恋愛では情緒豊かでロマンチック。そんなあなたに魅了される男性は多数続出。恋愛の達人です。

　とても理想的な眉のあなた！　それは神様からの贈りものです。メイクのポイントとして、もし短いアーチ型なら、眉をブラウンのアイブローで足しましょう。問題なしの眉ですから、それをいかにキープするかはあなた次第です。生まれ持った天性を活かして、前向きに行動して。

POINT!

完璧といえる眉です！
メイクというよりも日頃のていねいなケアがあなたの将来をバラ色にします。

Eyebrow 眉 長い／短い

眉の長いあなたはこんな人

自然に身を任せるのんびり屋さん
陰で重ねた努力がいつかは実を結ぶはず

眉の短いあなたはこんな人

アイデアを行動に移せる実践派
アクティブさを出せば夢も叶う！

　眉が長い人は穏やかで平和主義なのんびり屋さん。自分で運を切り開いていくというよりも、物事の移り変わりに対応していける、自然に身を委ねる人です。のんびりしていますが努力を惜しむことなく、勉強熱心なタイプといえます。物事も深く考える人です。

　反対に、眉が短い人はアイデアが浮かんだら、即行動に移せる人です。素早く行動ができて、常にアンテナを張っています。そのため若いうちから目標開花も夢じゃない！

　メイクのポイントとしては、ボリュームをしっかりと出すこと。自分の感覚に自信が持てるようになります。

POINT!
まつ毛はボリュームと長さで、恋愛運UP！　エクステもオススメ。お手入れはマメにして。

Eyebrow
眉 濃い／薄い

**眉の濃い
あなたはこんな人**

自分の感情をコントロールしつつも
好きな人にはまっしぐらな情熱家

**眉の薄い
あなたはこんな人**

自己主張はするけれども
周囲に合わせる博愛主義者

　眉の濃い人は自分の感情をコントロールできる才能を持った人です。知性にあふれ、理性的で真面目。一途な恋をします。「この人！」と思ったらまっしぐら。バイタリティーがあるのも特徴の一つです。流行には流されず、伝統的な分野に関心がある人が多いのではないでしょうか。「流されない」という自己スタイルを持った人です。

　眉の薄い人は博愛主義者。優しさだけでなくきちんと自己主張ができて、また新しいものに対しても柔軟性を発揮します。情熱的な人で、恋愛もドラマチックな展開を好むでしょう。

POINT!

出会い運UPには、眉頭を濃く、アーチ型にブラウンのペンシルで仕上げてみて。

Eyebrow 眉　眉間が広い／狭い

眉間が広い あなたはこんな人

比較的早咲きのあなた
その才能を仕事や恋愛に活用して！

眉間が狭い あなたはこんな人

30代から花咲く晩成型
攻めのビジネスでは吉

　眉間が広い人は生まれもって運勢の良い人です。運勢も比較的早咲き。あまりグチもいわず、一本芯の通った人です。細かいことも気にしないおおらかな性格で打たれ強い人です。人気運もあり、知らないうちに人が集まって来るでしょう。

　眉間が狭い人は、眉間が広い人と違ってやや遅咲きです。感情のコントロールは苦手な上に、なかなか人を信頼しないため、人と接するのが上手くありません。その反面ビジネスなどの攻めの分野では力を発揮します。人間関係に悩んでいる人は眉間を広めにすることをオススメします。

POINT!
眉間の広さは指2本が目安。公私共に安定した幸せが得られるはず。

運気を上げるメイクアップ術

眉のメイク術

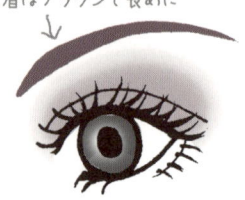

L♥VE 恋愛のメイク術

眉はブラウンで長めに

眉は眉染めのブラシでブラウンに染めたり、ペンシルのブラウンで長めに描きましょう。頬はオレンジのチークを丸く円を描くようにブラシでぼかして入れて。ベージュブラウンのアイシャドーもオススメ。人間関係の疲れに効果あり。

CAREER 仕事のメイク術

アイラインは目尻を流すように、まつ毛の間を埋めるように描きます。眉は眉頭の下から上へ眉山を高く描きます。ペンシルでグレーのものを選びましょう。アイシャドーでもOK。チークはオレンジの透明感のあるものを。これで企画や提案が通ります！

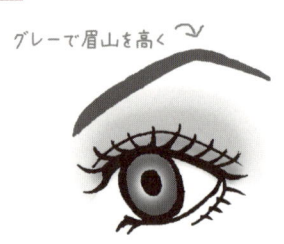

グレーで眉山を高く

M♥NEY 金運のメイク術

眉は太めに
眉下全体にハイライトを

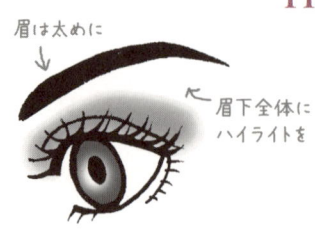

アイブローで眉は太めに描き、眉下全体にハイライトを入れましょう。濃いピンクの口紅は強すぎる印象があるので、濃厚のラメのオレンジのグロスを選んでみて。臨時収入があるかも！

COLUMN

その化粧、今着ている服と合っていますか？

　私は自他共に認めるコスメフリークだけど、みんなの周りにもコスメが大好きな人はたくさんいるのでは。

　コスメフリークにとって、自分に合ったコスメというのは、今着ている洋服の雰囲気や季節感などもちゃんと考えたものだと思っている。もちろん、時代感も重要。例えば、いくら「ブルーがラッキーカラー」とあっても、真冬に真っ青なアイシャドーをしては、見る人も寒々しくなってしまう。ＴＰＯに応じるのがコスメの達人といえる。だから、洋服がカジュアルならコスメもカジュアル。パーティーに出るのだったらそれ用のメイク。河原でバーベキューをして楽しむときに、Ｔシャツとゴテゴテキラキラメイクなんてしたら、化粧崩れはするし目の下は真っ黒！　とんでもないことになる。気合いの入れすぎにも注意したいもの。

　私はお店でいろいろなコスメを見て回ったり買い物したりするのが大好きだけど、この場合も洋服と合わせるのが必須！　合わないと顔だけが浮いてしまうし、マッチすれば「う〜ん、イケてる！」となる。

　洋服も好きなものを着るのが一番だけど、あまり固定概念にとらわれてはいけない。そして一緒に行くなら、何でもかんでも買わせる友達よりも、本音をいってくれる友達と行ったほうがいい。「似合うよ！　買いなよ！」といわれて買った服が「似合わない……」となると、この上なく後悔してしまうはず。だから、本音で「これはＮＧ」といってくれる友達が大事なのだ。

　一人で買い物をしてもゆっくりと見られて楽しいけれど、お店にはいろいろな商品があり、その中から自分に合ったコスメを選ぶというのは大変なこと。例えば、アイシャドーで「いつもブラウンを使っているから」といって、他の色に手を出さず、似た色を選ぶ人も多いのでは。そんなときは、気楽にお店のメイクさんに声をかけるのもいいかも。メイクさんのアドバイスは、それまであなたが抱えていた固定概念を打ち破ってくれるはず！

鼻があらわす性格

鼻はあなたの中年期
鼻筋をしっかり通すことを
意識して

鼻

Nose

　鼻は自己と金運を主にあらわす場所です。鼻は性差や文化の象徴といえます。ですから、女性は女性らしい鼻になりますし、欧米人の鼻筋が通ってスッキリしているのはそのような文化的背景があるのだ、と読むことができます。

　鼻の大きさや形から、その人の性格や人生の流れ、具体的には結婚などがみえます。天性でしっかりした鼻筋を持った場合は、知らず知らずのうちに目上からの助けを受けられ可愛がられます。他力でも社会の貢献者として名声を受けられる相なのです。

　顔の中心にある鼻は、中年期もあらわします。鼻がどっしりしていれば、中年期に成功するというわけです。

　ところで、鼻は中年期をあらわしているといいましたが、この場合それまでの人生の達成度もあらわします。人生をあらわしますから、「自分とはどういう人間なのか？」とか「この人はどういう人間なのか？」というのを知るのに非常に役立ちます。「この人、いってることは凄いけど、何だかうさんくさい……」というのは鼻を見ればわかるわけです。

　鼻が大きくしっかり発達しているほど、自己に対しての充実感や自信も大きいというわけです。仕事において目上の人とぶつかり、悩む人は多いはず……そんな人は対人関係の指針として鼻を見てください。きっと、「こう接しよう」とか「こういうふうに意見をいえばいいのだな」とわかるはずです。

人相学上、鼻の付け根より上が目上の人との対人関係をあらわします。鼻筋が通るようにメイクすることによって、自分と上司や目上の人との人間関係がスムーズとなり恩恵が受けられるようになります。上昇志向や、人の上に立ちたい！　昇進したい！　独立したいなど人それぞれありますが、いずれにせよ、鼻をちゃんと正しい形やメイクとしてキープすれば、目上からの恩恵も受け続けることができますし、上昇気流に乗って成功者となるはず。
　鼻を4分割してそれぞれの意味を説明します。
　まず「鼻柱」で健康か不健康か、闘志や意志力がわかります。
　次に「山根（鼻の付け根）」で病気や考える力、責任感の有無や名声を重視するかどうかがわかります。
　そして「準頭（鼻の頭）」で愛情や金運、自分に自信があるかないかがわかります。例えば、赤っ鼻は悪相で金運がないといえますし、丸い鼻先の人は金銭欲が強いといえます。キレイに丸い人は富豪となり大成功を収めるでしょう。
　最後に「金甲（小鼻）」でどんな人間関係を築き上げるかがわかります。仕事の取り組み方やお金の使い方もわかります。
　そんな情報ぎっしりの鼻ですから、しっかりした鼻を持ちたいもの。鼻にホクロやキズがあるのは悪相です。ホクロはチャームポイントでもありますが、濃いめのコンシーラーで隠しましょう。鼻筋を通すようにノーズシャドーをほんのりと入れて、余計なホクロは隠して、あなたの顔の中で特に目立たせたいところにハイライトを入れましょう。マイナス面を補ってくれるはずです。鼻筋は肌色でトーン明るめのハイライトがいいでしょう。ベースのコンシーラーで消してからハイライトを入れてみて。鼻が曲がっている人も悪相ですが、その場合はハイライトとコンシーラーで鼻筋をキレイに目立たせれば開運となります。
　キレイな鼻で真の成功者になりましょう。

Nose 鼻 団子鼻

団子鼻のあなたはこんな人

典型的なお金持ちの鼻
節約上手なので貯金もタップリ！
人に対しても誠実さが光る

団子鼻の人は財政運、とりわけ金運が格別に強い人です。でも、堅実家ですから節約も上手く、地道に働いていけば天性の金運と合わせて巨万の富を得られる可能性を持っています。

人づき合いにおいては誰に対しても親切で、相手を気分良くさせる才能があります。相手の心を察して柔軟に対応できる人です。誠実な発言と行動があなたの長所。その一方で現実的な思考の持ち主のため、以外と抜け目なく、チャンスを逃さず行動して目標を達成する、人生の成功者です。

鼻がキレイに丸ければ金運に良いのですが、キズやホクロは良くありません。98ページでも説明しますが、鼻筋を通してキズやホクロをコンシーラーで隠しましょう。

なかなか消えないホクロは、場合によっては専門医院で取ってしまうのも良いかもしれません。もしくは、念入りに重ね塗りして濃いめのファンデーションでカバーするという手もあります。

POINT!
金運を活かすためにもホクロに要注意！ メイクでカバーできないのなら手術で取ることも考えてみて。

Nose 鼻　鷲鼻

鷲鼻の あなたはこんな人

和を重んじる慈愛精神の持ち主
経済面も清廉潔白なので
困っていても助けてもらえます

　鷲鼻の人は明るく、人当たりが良い人です。誰にでも尽くし、相手の喜ぶ姿を自分の幸せのように感じられる博愛主義者。金銭面でも守銭奴になることなく気持ちの良い使い方を心がける経済観念の持ち主。どんなことであれ、ずるいことや相手を騙すようなことはしません。

　普段から人との団結やグループの和に重点を置き、人間関係を何よりも大切にする人です。だから、あなたが困ったときは必ず、相談役や助っ人があらわれて助けてくれるはず。あなたのピュアな心があるからです。周囲への愛があるあなたは、恋愛は友人から恋人に発展することも少なくありません。

　近くにステキな人がいるのに、逃してしまい失敗してしまうあなた！　相手にもあなたが運命の人とわかってもらえるように、イエローゴールドのアイシャドーをベースにして、オレンジのグラデーションを入れてみて。これで気になる異性もあなたの魅力を再認識するはず。

POINT!
持っている鼻の良さを活かして、恋愛運UPに強いアイメイクに力を入れてみるといいかも。

Nose 鼻 とんがり鼻

とんがり鼻の あなたはこんな人

一人で生きていけるクールなタイプ
仕事人間が多いかもしれませんが
家庭運も吉

　とんがり鼻の人は一人でも平気な人です。一言でいうと「クール」です。恋愛でも、冷静に相手を見極められるのでは。結婚生活においても、一人の時間を大切にし、専業主婦より共働きが向いているでしょう。とことんわが道をいく人です。

　努力を惜しまずのし上がろうとする人なので、仕事においても結果を残し、地位と名声が得られる人です。ひょっとすると結婚より仕事を優先させることが多いかもしれません。しかし、結婚後も仕事を上手くこなせる人です。あなたの冷静な視点は良い夫選びを可能としてくれるはず。

　クールな印象を与えるとんがり鼻は、一見美人でも男性が近寄りがたい印象を与える場合も。相手を見極められる力を持っているあなただから間違いはないけれど、運命の出会いを引き寄せるには、鼻筋を通し、チェリーピンクのグロスをたっぷりつけましょう。柔らかな印象になり、異性からの印象もＵＰ。

POINT!
ピンクのツヤのある口紅を選び、下唇をやや内側に口紅を描きます。良縁に恵まれます。

Nose 鼻 段鼻

段鼻のあなたはこんな人

グループのリーダーに最適
結婚後も家庭の管理をしっかりとして
夫も上手にコントロール！

　段鼻の人はリーダーシップがあり、人を上手く使うのが得意です。多くの人を率いる実力があります。後輩や目下に対して面倒見が良く太っ腹なので、良きリーダーとしてみんなは憧れの眼差しを持つでしょう。

　実力はあるので、計画だけでなく行動に移せば大願成就できます。何事もアクティブにしてみましょう。

　結婚もカカア天下になること間違いなし！「言いたいことは言う」という家庭になるでしょう。夫もあなたの手のひらで転がるほうが幸せかも。

　アクティブに行動するには、パープルのパール感のあるクリーミーアイシャドーの上から、固形のアイシャドーをのせましょう。キレイに発色します。

　仕事に忙しいあなたは、ファンデーション型のフェイスパウダーを使用してみて。もちろん、小鼻へのハイライトも忘れずに！　家庭の財布もきっちりと管理できます。

POINT!
さらに自信を持つために、眉はへの字にして、パープルのアイシャドーをつけてみて。

Nose 鼻 子どもっぽい鼻

> 子どもっぽい鼻の
> あなたはこんな人

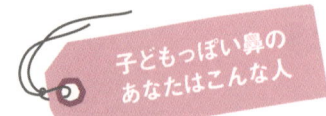

中年期を司る鼻では珍しいタイプ
疑うことを知らないピュアな心の持ち主
立派な大人の鼻を目指してみて

　鼻の形があらわすように、天真爛漫な子どもの心を忘れない、純粋な人。無邪気でピュアなので、話も嘘がなくストレート。周りから可愛がられるでしょう。恋人としては、特に年上の男性で働き者が相性も良く、運が開けます。まるで、乙女のように創造性豊かで、何よりも発想がユニーク。人を笑わせるのも得意でしょう。何事も信じやすいタイプですが、良い友人に恵まれることでしょう。ただ、天真爛漫で疑うことを知らないあなたは、傷つきやすい面があるのを認識するべきです。話しすぎには注意しましょう。また、多少の警戒心も必要かもしれません。

　鼻は中年期をあらわしますから、立派な鼻筋や小鼻をつくったほうが良いでしょう。小鼻の横は黒ずみやすいので、コンシーラーとファンデーションを指やスポンジでしっかりとなじませてのばしましょう。社会的に向上しようとアクティブに、そして計画性を持てば、いずれは子どもっぽくはない、立派な肉付きの理想の鼻になっていきます。

POINT!
コーラル系のチークとキリッとしたアイラインを目尻まで引き、運命の出会いをGET！

Nose 鼻 高い／低い

鼻が高い あなたはこんな人

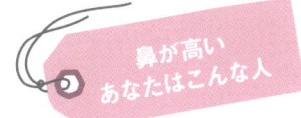

自分に絶対的な自信を持つ完璧主義者
ただし謙虚さだけは忘れないで

鼻が低い あなたはこんな人

粘り強く努力をする働き者
キュートな性格で愛される

　鼻の高い人は、自分に自信がある完璧主義者です。実際に何事もそつなく完璧にこなします。理想も高いので、その理想に対してまっしぐらに進む人です。人の上に立つことを考えがちですが、謙虚さを忘れず精進すれば、仕事にも結婚運にも恵まれることでしょう。
　一方で鼻の低い人は、努力家の働き者！
　与えられたものを一生懸命こなす粘り強さがあり、人間関係も円満な人です。キュートな性格のため、男女共に愛されるでしょう。

POINT!
高くても低くても、鼻にはツヤのあるハイライトを使えば、金運も大幅UP！

Nose 鼻 長い／短い

鼻が長いあなたはこんな人

責任感は人一倍のあなた
他人にも厳しく求めていませんか？

鼻が短いあなたはこんな人

楽天家の鼻の短い人
コミュニケーション能力は抜群です

　鼻の長い人は、自分で運命を切り開くというよりも流れに身を委ねる人です。ただし、責任感は人一倍あり、とても真面目な性格の持ち主。妥協を許さず他人にも厳しく当たりますが、それも常識的なもの。ただし、おだてに乗りやすいのが玉にキズです。

　鼻の短い人は、楽天家でポジティブ。人間関係に恵まれる温かい心の持ち主です。自分から積極的に話しかけ相手からも気に入られる、人気運が非常に高い人です。金運やツキがあるため、若いころからキャリアウーマンになれる人です。恋愛においても言葉のやりとりが上手い、恋愛巧者です。

POINT!
鼻の高さもある人はハイライトの入れすぎに注意！　特に恋愛用だと自然感を大事にして。

Nose 鼻 太い／細い

鼻が太い あなたはこんな人

金運の強い超現実主義者
お金の使いすぎには注意して

鼻が細い あなたはこんな人

繊細な理想主義者
センスを活かせば道は開ける

　鼻筋が太くてしっかりとした人は、超現実主義者。鼻の長い人と性格は近く、几帳面で真面目です。この鼻の人は特に金運が良いので、ビジネスにおいて、会社組織にいても独立しても成功する可能性が高いでしょう。ただし、入ってきた分だけ使ってしまう傾向があるため、財布のヒモは固めがいいかも。

　反対に、鼻筋の細い人は理想主義者。繊細な性格なので人づき合いは大変かも。想像力豊かなあなたは、そのセンスを活かした仕事に進んでみては。接客業や営業職よりもデザイナーや美容師、芸能関係に才能があります。

POINT!
太くみせればキャリアウーマン型、細くみせればセンスUP型。使い分けてみては?

Nose 鼻の穴 大きい／小さい

鼻の穴が大きい あなたはこんな人

小さいことにクヨクヨしない大物
あふれるパワーが人と運を集める

鼻の穴が小さい あなたはこんな人

口が堅いために相談者に最適
蓄財能力も高いしっかり屋

　鼻の穴が大きい人は、明るく太っ腹で豪快で、陽気な人です。みんなとにぎやかにするのが大好き。話し上手の相です。常にパワーとバイタリティーがある、元気なオーラを放っている人です。人づき合いにおいても実直そのもの。そのため秘密を持つのが嫌いで嘘はつきません。金運も良く、一攫千金も夢じゃない人です。

　反対に鼻の穴が小さい人は、謙虚で静かな人です。口が堅く秘密を漏らさないし、あまり噂にものらないので、相談を持ちかけられることも多く、信頼される人です。ケチではありませんが、倹約家で財政運があります。

POINT!

鼻筋を通せばさらに運気上昇。赤鼻の人は要注意。コンシーラーで消しましょう。

運気を上げるメイクアップ術

鼻のメイク術

LOVE 恋愛のメイク術

パール状のハイライトを鼻筋に入れましょう。自信が出ます。愛を伝えたいときにオススメ。相手に対して素直になれます。ケンカしたときは、オレンジ系のラメのチークで謙虚になりましょう。

CAREER 仕事のメイク術

特に段鼻の人は強めにハイライトを鼻先に入れて、目立たなくさせましょう。仕事で良い上司に恵まれます。異動時にはシルバーラメのパウダーを。自分に余裕が出て、柔軟に対応できます。

MONEY 金運のメイク術

鼻筋にパールのブラウン系ハイライトを使いましょう。目頭と目尻にもパールのハイライトを入れてみて。思わぬボーナスが入るかも！

口があらわす性格

エッチかどうかがわかる！？
食欲や性欲など
口はあなたの本能をあらわす

Mouth

　口は表情を豊かにする部分です。言葉を話すのも口の役割ですし、食べるという人間に欠かせない行為も口がなければできません。口は私たちの生活全般をあらわします。

　人相学的にも口は本能的な部分をあらわし、食欲や性欲を意味します。美しい口は品格があり良い相となります。口元がだらしないと性的にもだらしなさがあります。

　上唇が厚いほど、情に深く多くの人に愛情を与える人です。もちろん、多くの人からの情愛も感じられ、愛し愛されという、人間関係のスムーズな相です。

　理想的な口は、①口角が上がり、②口の大きさは両目の中心部から真下に収まるくらいで、③唇は血色が良く、④上下同じ厚さの唇です。

　口については私も悩みました。笑うとどうしても歯茎が見えてしまうのです。そして少し出っ歯でした。悩んだ結果、歯列矯正をしました。今でこそ歯列矯正は珍しくありませんが、当時は大人になってからする人はあまりいませんでした。その間はモデル業もお休みです。休みの間、私は歯茎があまり目立たないような笑い方も研究していました。結論としては、微笑む程度にするのが良いとわかりました。大きく笑うときは、歯を食いしばるような形で少し開き気味に笑えば良いのです。この笑い方は私と同じように出っ歯や歯茎が見えることで悩んでいる人にオススメです。今となってはメイク術と素敵な笑い方をマスターしているので気になることはありません。

話を人相学に戻します。
　口の中でも唇はその人の性格をよくあらわします。特徴的な唇としては、横から見たとき上唇が出ている人がいます。このような唇の人は自己アピールが苦手で、自分をあまり表に出さない性格です。ただし、協調性があるので人間関係もスムーズに運ぶでしょう。周囲の和をとても大切にする人です。家族を一番に考える穏やかな家庭人間のためきっと良妻となるのでは。
　逆に、下唇が出ている人は堅実に努力するのが苦手なタイプ。自己アピールや主張は強くてそれは素晴らしいのですが、とにもかくにも自分をみんなにお披露目しないといられないという人です。辛口な人が多いのではないでしょうか。自営業には向きますが、規律的な仕事は合わないかも。自分のやりたいようにやるほうが向いています。
　上唇がめくれている人は、愛情表現が薄く、恋の駆け引きが苦手な人。そもそも愛とは……と考えてしまうタイプ。好きな人がいても、どのように愛したらいいのかわからないのです。あまり自分らしさのない人です。このタイプは特に誘惑に弱いので、騙されないように警戒が必要です。
　下唇がめくれている人は、上唇がめくれている人と同じく、あまり恋の駆け引きは上手くありません。「彼から愛されているのかしら」と悩み、その一方で愛に飢えた人です。自分というのがありすぎて他人の意見を聞かず拒絶することが多いタイプ。人を信頼してみることや他人のいうことを聞いてみることで改善されていきます。
　口は口紅でいくらでも変えられるので、艶を与えたり口角を上げるように描きましょう。血色が非常に悪い人は、ファンデーションで唇の色を消してから口紅を塗ると効果的です。理想の唇に近づけるためには、口角が上がるような運動、例えば鏡を見ながら表情を豊かにつくってみたり、顔のマッサージしてみたりするのをオススメします。

口 への字口

Mouth

**への字口の
あなたはこんな人**

仕事に生きるキャリアウーマン型
晩婚の可能性が高いけれど
その分ステキな彼があらわれそう

への字口の人は自らを犠牲にしても相手に尽くす人です。結婚意欲はほかの人に比べて薄いのですが、唇が厚ければ独身貴族でもそれがかえって幸運を引きつけます。

仕事にバリバリと向かうキャリアウーマン型で、しっかりと成果を上げて大金や成功を手に入れるでしょう。独自の発想を大切にし、人生のポリシーも、何にもとらわれない自由さを一番に考えて実践していきます。困難に当たっても、前向きな精神で乗り越えて人生を謳歌することでしょう。

人づき合いや恋愛においても前向きにいけば結婚運もUP。結婚を決心するほどの良い夫に恵まれます。

結婚意欲の薄いへの字口さんだけれど、運命の出会いをしたいときは、口元を整えて、レッドのアイシャドーを薄くぼやかし入れてみて。ブラウンに近いものがオススメ。あまりに赤々しいのは昔風なのでNG。ブラウンのペンシルでしっかりと描き、柔軟性と良い出会いを手に入れましょう。

POINT!

口角を気持ち上げるだけでも上司からの印象が大幅UP！ 唇は薄めでクールさを演出。

Mouth 口 開いている

口が開いている あなたはこんな人

愛情と金運に恵まれた幸せな人
男性に困ることはないはず
だらしなくないようにみせて

　口が開いている人はとにもかくにもモテるタイプ。愛情運がとても強いです。次から次へと男性から好意を寄せられ、おそらく男性に困ることとは無縁なほどに、愛に恵まれた人です。

　金運も大変良く、堅実な努力を怠らなければ財を築けるタイプ。

　男性にも好まれ金運も良く恵まれたあなたは、人生を楽しむ天性の才能を天から与えられた幸せな人です。

　近年、人相学とは関係なく口の開いている人は多いのですが、これは咽頭やその他臓器にも悪影響なので、なるべく口は結びましょう。

　歯並びが悪い人は矯正するのも良いかもしれません。昔と違い専門医に行けば納得いく矯正ができるでしょう。歯並びは輪郭とも関係してきますので、悩んでいる方は相談されてみてはどうでしょうか。

　また、寝るときはマスクをするなどして口と喉を保護してください。マスクは保湿効果もありますし、肌がしっとりすることで美肌効果も期待できます。

POINT!
唇はグロスをあえて使わずに。彼と会うときだけにすれば恋愛運をさらに高めます！

Mouth 口 ゆがんでいる

口がゆがんでいる あなたはこんな人

周囲と距離を置いてしまう
内気で不信感の強いあなた
素直な気持ちを忘れずに！

　口がゆがんでいる人は心をなかなかオープンにしません。人を信じることが不安なため人づき合いも疎遠なタイプ。しかし、一度仲良くなった相手には胸のうちを開けることができます。心に安らぎを求めるのが難しい人かも。
　言葉を発するときに口がゆがむ人は、心の中で無理をしている証拠。自分のクセとしてそれを自覚している人がいたら、まずは素直に物事や事態を受け止めましょう。でないと知らず知らずのうちに自分を痛めつけてしまいます。
　周りに対してオープンな性格になるにはメイクでも可能ですが、口角を上げる練習をしましょう。鏡の前で割り箸を口に挟み、ゆっくりと口角を上げてみてください。次に、口を上下左右斜めと動かしてみましょう。初めのうちは失敗ばかりかもしれませんが、徐々に箸を落とすことなく口角が表情豊かになるのが実感できるはず。また、普段話すときも口角を上げるように意識して話しましょう。一番効果的なのは、ニッコリと笑顔をつくること。笑顔は顔と心の特効薬です！

POINT!
眉はアーチ型にして、口の輪郭はリップペンシルでオーバー気味に描いてみて。

Mouth 口 歯茎が出ている

歯茎が出ているあなたはこんな人

のんびり自由に生きるあなた
自分の時間と空間を大切にして
晩年になるほど運気は上昇！

　歯茎が出ている人はのんびりした人です。のんびりしているため、規律正しく時間にとらわれやすい会社員にはあまり向きません。それよりも、天性の能力を使って生きるのが合っています。目標を高く持つ人です。しかし、実行力があるので夢で終わることはなくそれを叶えます。

　晩年になるほど運勢が上がり、良い夫にも恵まれます。話好きな人が多いのですが、一人好きなところもあります。人生において、一人になれて、自分の自由な考えや創造的な分野がないとエネルギーが滞ってしまうため、もし息苦しいと感じたら少し距離を置いてみてはどうでしょう。人づき合いにおいては明るく楽しい人です。

　歯茎が出ている人は、それを気にする人が多いのではないでしょうか。でも、人相学的には悪くありませんので気にすることはありません。どうしても気になる人は鏡を見て笑う練習をしてみては。チャームポイントと考えれば運勢も上向きに！

POINT!
歯茎はチャームポイントとして活かしてみて。デートには薄く唇の輪郭にブラウンを入れてみて。

Mouth 口 大きい／小さい

口が大きい あなたはこんな人

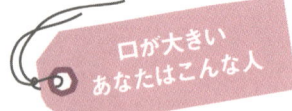

口が大きい＝エネルギーも大きい
トップとして成功者になれます

口が小さい あなたはこんな人

誰かを支えることで輝くあなた
社長秘書として大活躍！

　口が大きい人は、運気や生命エネルギーを発達させた人です。みんなを賛同させるリーダーシップを発揮できる人です。社会的にも成功を収めるでしょう。結婚してもキャリアウーマンとして活躍し、周りから尊敬される憧れの的な存在の人！

　口が小さい人はトップとなるのではなく、常に二番手で活躍するほうが性に合っており、またそのほうが結果も残しますし、自分にとっても幸福感を得られます。よく気がつくので秘書や福祉系の仕事が向いています。とても心優しい性格で、みんなの癒し役です。

POINT!
唇に潤いを与えることでさらに印象も強くなります。アイメイクは控えめが吉。

Mouth 口角 上向き／下向き

口角が上向きのあなたはこんな人

とことん前向きなムードメーカー
グループの中でも愛されます

口角が下向きのあなたはこんな人

常に慎重なあなた
たまには積極的に動いてみて！

　口角が上がっている人は、楽しいことが大好きなポジティブ思考の人です。ユニークで人を笑わせるのが大好き！　根っからの明るい人です。協調性もあり、話し上手で聞き上手。みんなのムードメーカーとして重宝されるでしょう。楽天的で豪快な性格は、周囲から注目を集めること間違いなし。

　口角が下がっている人は、口角が上がっている人とは対照的で、非常に慎重な人です。石橋を叩いて渡るのも大事だけれど、もっとアクティブになれば運も開けるはず。

　口角が下向きの人はペンシルで口角を上向きにアウトラインを引いてから、ピンクのグロスを塗ってみて。これで出会い運UP。

POINT!
口角が上向きなあなたはピーチピンクの口紅で、意中の彼もGET!

唇 Lip　厚い／薄い

唇が厚い あなたはこんな人

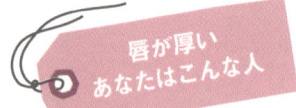

惜しみなく尽くす愛のエンジェル
みんなにモテて困るほど!?

唇が薄い あなたはこんな人

クールながらも胸のうちには情熱が
仕事も人づき合いも計画的

　唇が厚い人は、愛に生きて愛を手にする愛の勝利者！　惜しみなく相手に尽くします。困った人を放っておけない慈愛と博愛の精神に満ちた、まさに愛のエンジェル。何事にも愛情を注いで、周りの人すべてからモテるタイプです。
　唇の薄い人は、誠実でいて現状をしっかりと分析する力のある、冷静なタイプ。物事に計画性があり、それを堅実に実現していく人です。立てた計画は完璧ですし、一度心に決めたことはそれに向かって突進する秘めた熱意を持つタイプです。
　人間関係のトラブルを避けるためには、口角を上げるようにメイクしてみて。

POINT!
オーバー気味にリップペンシルで輪郭をとり、口角を上げるように描きましょう。

運気を上げるメイクアップ術

口のメイク術

LOVE 恋愛のメイク術

唇にグロスでたっぷりと潤いを与えるのが最優先。目元は暖色のオレンジ系で、眉はアーチ型にしましょう。まつ毛はマスカラをつけた後、ブラシでとかしましょう。これで愛されメークの出来上がり。

CAREER 仕事のメイク術

仕事ではクールさも必要。目元にポイントを置き、唇は控えめにピンクベージュなどがオススメ。特に大切な商談やプレゼンのときは、カールとロングタイプのマスカラを両方使い（ホットビューラーもいいです）口元の知性を引き立たせて。

MONEY 金運のメイク術

唇を厚く描くと自分の運が強く出て開運に。また鼻先に薄いイエローのハイライトを入れ、アイシャドーは薄い赤を使ってみて。極めつけはパールのハイライトを鼻筋に入れましょう。さらに財運に恵まれるようになります。

耳があらわす性格

生まれ持った知性をあらわす耳
耳たぶを見れば
恋愛運がわかる

耳

Ear

　耳はなかなか変えることが難しいところです。変えることが難しいということは、先祖から受け継がれたものや生まれ持った気質をあらわしているということです。そのため、その人そのものがわかる場所といえます。頭の回転の早さも耳からわかります。耳は胎児のときに形などが大きく決まることになります。つまり、母親からの影響が強くあらわれるのです。また、耳は鼻と同じように中年期をあらわし、子どものときにどのような境遇で育ったかが相として出てきますし、人生を示す指針でもあります。

　耳の形の良い人は社会的にも恵まれ、お金に困ることもありません。理想的な耳は、①耳の位置が眉と鼻底の間にあり、②大きくて、③厚く、④耳たぶも長いことです。

　耳の位置が高い人は、目上の人の引き立てや財運が良いです。下についている人は貫禄があり、目下から尊敬されたり持ち上げられながらのし上がっていく人です。ただし、あまり下についた耳は悪相となります。

　耳は親子の縁も意味します。特に幼少時代の親子の縁（15歳くらいまで）を司ります。耳の左右が違う場合や変形している場合は、親子の縁が薄い人といえます。反対に、理想的な耳の人は親からの愛情をたっぷり得て、親戚との縁も深い人でしょう。

　耳は「上停」「中停」「下停」と三分割できます。上停が発達している人は知的で美的センスもあり、研究分野などでも大活躍できる

才能を持っているアイデアマンです。想像力が豊かなため、感じたものを自由自在に表現できるロマンチックな人。恋愛においてもムードづくりが上手く、またムードを何よりも大切にします。ただし、トラブルに対応するのが苦手なため、競う前に逃げることが多いのでは。平和主義も良いのですが、あまり問題から逃げてばかりですと周りからは「ずるい人」といわれてしまいます。逃げないこともときには必要です。

　中停は「意志力」をあらわします。この部分が発達している人は、一度心に決めたことはどんな困難にあっても達成する意志を持ち、妥協を許しません。向上心にあふれた人です。いわゆる自由人なため協調性は貧困です。仕事としては、会社勤めよりも自由業に向いています。上停が発達している人とは逆に、恋愛などで障害があるほど燃え上がるタイプです。

　下停とは耳たぶのことです。耳たぶが発達している人は「愛の人」。愛情深く人に接し、明るくオープンな性格で人に愛されるでしょう。周囲もあなたに対しては嘘をつくようなことはしないはず。金銭の扱いも上手で財政運に富んだ人です。何事もポジティブシンキングなため些細なことでは落ち込みません。モテるタイプですが、恋愛というものを快活に楽しむタイプといえます。

　95ページでも説明しますが、耳たぶが大きい人は落ち着きがあり余裕のある人です。みんなの憧れの先輩として目下の面倒見も良く慕われます。組織のリーダーとして大活躍するでしょう。計画的でいて財政運もあるので貯蓄型です。センスがあり先を見越す力があるため、開発者としても優秀。

　耳たぶが小さい人はフットワークの軽い人です。上司にいわれれば、即行動に移せます。目上の人から愛され、自分の力量以上に成長して成功するタイプです。上司からの指示を待つだけでなく、常にアンテナが張っているのでひらめきも高いです。ただし、あるだけお金は使ってしまうタイプなので注意が必要。例えば、カードを持ち歩くのはやめたり、財布のヒモの堅い夫に管理してもらうなどの対策を講じてみて。

耳 Ear 大きい／小さい

耳が大きい あなたはこんな人

相手を楽しませる社交的なあなた
家族を大切にする良き妻となれます

耳が小さい あなたはこんな人

ファッションセンスが良く
カリスマになれるかも！？

　耳の大きい人は協力性があり社交的な人です。相手を楽しませるのが得意な人。アイデア豊富で、実現力や行動力もあるエネルギッシュな人です。人づき合いにおいては身内を大切にする、真心のある人です。良妻タイプです。
　耳の小さい人は、芸術的センスに長けている人です。ファッショナブルな人も多いでしょう。晩年のほうが安泰する運気の持ち主です。耳の小さい人は、そのセンスを活かしてファッションリーダー的な存在になるかも。
　耳は隠さずに出して、眉をアーチ型にすれば仕事もテストも合格間違いなし！

POINT!
大きい耳も小さい耳も髪で隠すことなくしっかりと出すことで運気も安定します。

Ear 耳 厚い／薄い

耳が厚い あなたはこんな人

情熱的で困った人は放っておけないタイプ
身体も丈夫で心も強い！

耳が薄い あなたはこんな人

フリーランスに向いた耳の薄い人
病気には気をつけて！

　耳が厚い人は情熱的な人です。困った人は放っておけません。協調性もあり、恋愛においても強く求める愛の人です。肉体的にも強いタイプ。耳がしっかりと形良くて硬い人は財運があり人生において大きなトラブルもないでしょう。

　薄い耳の人は冷徹で人に深く関わらず、ある一定の距離を保つ人です。会社組織は苦手な人が多いのではないでしょうか。団体での作業やチームワークをとるのが苦痛なタイプです。仕事としては独立したフリーランスが向いています。ただし、体が弱いためアクティブな仕事は向いていないでしょう。人づき合いは得意ではありませんが、何事にもまっすぐな感情を抱きます。

POINT!

耳自体のメイクはありませんが、自分の耳を知って他のパーツで開運しましょう！

耳 広い／狭い

耳が広い あなたはこんな人

子孫繁栄、安泰の相
晩年にかけてさらに運気上昇

耳が狭い あなたはこんな人

パワー全開のあなた
少しだけ余裕を持ってみて

耳が広い人は安泰の相です。パワーにあふれ、長生きできる健康人間。子孫繁栄の相でもあります。性格的にも穏やかで、争いごとを嫌い楽しい人生を送れるでしょう。家庭運に恵まれ、晩年も不自由することなく生きていける強い運気を持った人です。人に好かれるあなたの周囲は自然とあなたを味方してくれるでしょう。行動もアクティブな上にフットワークが軽く、上司などからはそれを買われることも多々あることでしょう。

耳が狭い人はさらにアクティブ！　元気の良さは何よりのとりえ。でもちょっと無鉄砲なのが玉にキズ。大人の女性を目指しましょう。

POINT!
109ページでも説明しますが、金運UPを狙うのならピアスではなくイヤリングにして！

Earlobe 耳たぶ 大きい／小さい

> 耳たぶが大きい
> あなたはこんな人

**責任感の強いリーダー型
お金の管理はしっかりと！**

> 耳たぶが小さい
> あなたはこんな人

**上司から可愛がられる
典型的な愛されキャラ**

　耳たぶが大きい人は慎重で堅実な人です。リーダー的な役割を任されることも多く、責任感をしっかりと持ってそれをそつなくこなします。統率力もあり、みんなに愛されます。財政運もあるため、管理さえしっかりしていればお金は自然についてきます。アイデンティティを強く持ち先見の明があるので、実行力さえ備わっていれば大成功できる人です。

　耳たぶが小さい人は、目上の引き立てを受けられることが多く、上司に認められて実力以上の地位に就ける人です。人づき合いにおいても、何かと面倒を見てもらうことが多いのではないでしょうか。みんなに愛されるキャラです。

POINT!
耳たぶの大小共に、パープルのアイシャドーで口紅はヌードカラーに。恋愛運UP。

運気を上げるメイクアップ術

耳のメイク術

耳のメイクはそれだけで開運させるのは難しいところ。それならほかのパーツの得意分野でカバーしてみて！

LOVE 恋愛のメイク術

目の下には、明るい色と艶感を与えましょう。ベースはパールの化粧下地を使い、パウダリーファンデーションで仕上げて。そうすれば、良い出会いがあります。

CAREER 仕事のメイク術

目を大きくみせるために、ボリュームとロングタイプのマスカラで濃く長くみせましょう。アイシャドーはピンクを。人気者のメイクになります。

MONEY 金運のメイク術

眉をアーチ型にし、少し濃い目にブラウンのアイブローを使いましょう。アイシャドーはイエローゴールドをアイホールに。ラメがオススメ。

COLUMN

忘れちゃいけないスキンケアの話

　コスメも重要だけど、普段の基本的なスキンケアもマスト！　高いスキンケアばかりが良いというものではない。スキンケアは本当に人それぞれなのだ。

　人それぞれだけれど、大切なのはクレンジングと洗顔。できれば顔全体同じクレンジングではなく、目元には目元用のクレンジングを使いたい。色素沈着してしまうと、月日が経っても、落ちなくなってしまい、末恐ろしいことになってしまうから要注意。ツルツル素肌は化粧ののりも絶品！

　話はつけまつ毛に変わるけど、これは何て万能なアイテムだろう。毎日つける人にとっては、100円均一のつけまつ毛も捨てがたい。つけまつ毛は弱りやすいからだ。でも、つけまつ毛が100円でものりは専用ののりを使ったほうが○。慣れれば簡単につけられる。自然にしたい人は、クロスしたつけまつ毛がオススメ。目尻だけや下つけまつ毛もつける人もいる。たくさんのつけまつ毛が出ているから、まつ毛が短くて気になっている人も諦めてはいけない。つけまつ毛で美しく輝く瞳を目指すべし！

　ところで昔は化粧品を一品持っていくなら、口紅！　という時代だったが、最近はメイクも欧米化されて目元を主体にするコスメのバリエーションも豊富になり、持っていくならマスカラ！　という時代に変化。アイメイクは開運メイクのマストアイテムだ。

　今はドラックストアでもメイクをしてもらえる時代。メイクは顔に自信をつけ、人生を素晴らしくする材料だ。27ページのコラムで「内面が顔を変える」といったけれど、裏を返せば、顔に自信がつけば内面も変わってきてくれる。もちろん、異性の印象もね。

　コスメを使えば、いくらでもキレイになれるし変身できる。私はそんなコスメを愛してやまない一人だ。

ホクロは2種類ある
死にボクロであっても
ファンデーションで隠せば問題なし！

Mole

ホクロ

　ホクロは大きく「生きボクロ」と「死にボクロ」に分かれます。ホクロ（黒子）と字の通り、黒くてハッキリした形のホクロが生きボクロで、茶色く色合いが良くないホクロが死にボクロです。

　大きさの大小も運勢に影響を与えます。人相学ではホクロはエネルギーが強い箇所にあらわれるとされており、ホクロのある位置を読みとることによってその人の運勢や性格がわかります。生きボクロはプラスの運気で、死にボクロはマイナスの運気となります。ただし、顔の中心線上にあるホクロは悪相といわれているので注意してください。

　99ページに女性にとって特に大きな影響を与えるホクロを明記してあります。自分のホクロがどこにあるのかを確認しながら、隠れた運気や性格をチェックしてみてください。

　ホクロを気にする人が多いのですが、生きボクロや自分が気に入っているホクロはチャームポイントとして重要ですから、メイクで隠す必要はないでしょう。死にボクロはファンデーションかコンシーラーでキレイに消せば問題なし！　気になるのなら専門医で除去することも可能ですので相談してみてください。

ホクロ

① 額の上
結婚運にあまり縁がありません。

② 額の中央
夫によって運勢が左右されるので結婚は慎重に！

③ 眉間
成功運が強いのですが結婚には不向きです。

④ 鼻の上部
キャリアウーマンとしてバリバリ働くタイプ。

⑤ 眉頭の上部
周囲の環境に恵まれる人でしょう。

⑥ 目の脇
結婚によって運が開けます。玉の輿も夢じゃない！

⑦ 目の下脇
子孫繁栄のホクロです。

⑧ 鼻中央の少し上
結婚しても仕事を続けることで運が開けます。

⑨ 鼻の頭
キャリアウーマンとしてビジネス面で成功できる人。

⑩ 鼻の横
生活に困ることなく過ごせるでしょう。

⑪ 唇
上唇でも下唇でも異性からモテモテ！ただし恋愛トラブルには要注意。

⑫ 顎
晩年になるほど運気が良好となる大器晩成型。

皺もあなたの人生をあらわします
額の皺が最重要
笑い皺は幸運の証！

Wrinkle

　人相学上重要とされる皺は額の皺です。額には三本の皺があらわれるといわれ、それぞれに意味があります。一番上の皺は「天紋」と呼ばれ、基本的な運勢や目上の人との相性や縁などをあらわします。次に真ん中の皺が「人紋」で、健康運や金運をあらわします。最後は「地紋」で、家庭運や部下との関係をあらわします。いずれの皺もハッキリと出るほどに良いとされています。

　女性にとっては額の皺というと想像しにくいかもしれませんが、普通は皺は中年になると一本は出てくるもの。皺がないというのは、人相学上ではその人が努力不足であるとみられます。彼や夫の皺はどうなっていますか？

　101ページに代表的な皺を明記してあります。鏡を見ながらチェックしてみて。

　ちなみに笑い皺は良い相とされていますので、あまり気にする必要はありません。メイクで皺を消すことも可能です。ただしこの場合、消したいという強い思いがあるあまりに、ファンデーションを厚く塗りがちですが、これはＮＧ！　かえって逆効果です。皺を隠したい箇所はほかよりも薄く塗る、これが鉄則といえます。思い切って薄めのナチュラルメイクを試してみて。

　また、皺は普段の表情によって出来上がるものです。良い皺を手に入れるには鏡の前でニッコリと笑うことやマッサージをすることをオススメします。

皺

① 目尻が二股に分かれる皺
理想的な夫婦生活を手に入れられるでしょう。生活において女性がリードしていくか、持ち上げ上手。手のひらの上で転がせます！ 愛とお金に困ることはないでしょう。

② 目尻の皺
「カラスの足跡」などといわれ、結婚生活に不運がつきまといます。結婚生活に不満だらけ！ 夫選びは慎重に！

③ 目の上の皺
典型的なモテる人。心身共にエネルギーにあふれて、年を重ねても色褪せないエネルギッシュな人。

④ 額の上部にある三本の皺
天紋・人紋・地紋がキレイに揃って、ラッキーチャンスの到来。夢が叶うサイン！

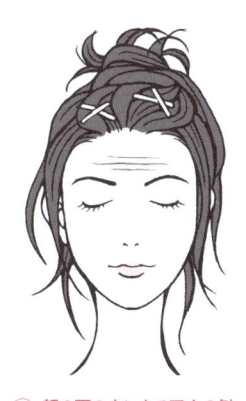

⑤ 額の下の方にある三本の皺
④とは逆のパターンで幸薄い相……ただし、今の仕事状況や人間関係などを改善しようとする努力をすれば運気も向上！

⑥ 額の一本の皺
天紋のあらわれ。運がついて来る人。特に上司との縁があります。

歯は恋愛運をあらわします
マメにホワイトニングをして
開運笑顔を手にいれましょう!

Tooth
歯

　歯並びは生まれ持ったものが大きく影響します。基本的に歯は基礎的な恋愛運や愛情運を司ります。ニッコリと笑ったときの歯並びがキレイだとそれだけで相手は魅力的に感じるもの。当然のことですが、歯並びが良い人は人相学的にも大変良い相です。仕事も充実して恋愛などプライベートな面でも満足のいく人生を送る資質を持った人です。目指すは歯美人です！
　ただ、そうはいっても、なかなか歯並びの完璧な人というのはいません。でもご安心を。現在では歯列矯正やインプラントでいくらでも歯並びを良くすることができます。歯並びが悪い人は家庭運に恵まれない人といわれます。性格的に強情なところが特徴。自分を出すのも大切ですが、周囲との和を保つように心がけましょう。
　私もかつては歯並びが悪いタイプでした。そこで歯列矯正をしたのですが、まず良かったのはコンプレックスが晴れた！　ということ。歯が少し出っ歯だったのがキレイになり、自然と笑顔になり、とてもウキウキとした明るい気持ちになれたのを覚えています。矯正はできることなら幼いころから始めたほうが良いといわれていますが、大人になってからだと手遅れということではありません。コンプレックスを克服して、良い相を手に入れるためにも、歯列強制は一つの方法としてオススメしておきます。
　また、歯の色ですが、これもマメにホワイトニングのクリーニングをすることをオススメします。歯の色が悪いというのも人相学的にみても悪相といえます。特にタバコを吸うあなた！　タバコのヤニで汚れた歯は恋愛はもとより金運も逃げていきますし、そんな歯では男性からみてもNG！　すぐにクリニックへGO！

肌 Skin

美白が流行なこの時代
極端に走らず上手く調整して
開運メイクの第一歩!

　今は美白が流行っていますが、ちょっと前まではガン黒が流行った時代でした。肌の色(というと大げさかもしれませんが)は時代によって流行が変わっていくもの。今は美白の時代。夏になっても日傘をさし、冬でもUVをするなどみなさん気をつけているのではないでしょうか。日焼け防止という考え方からすると、実は家にいるときも日焼け止めはしたほうが良いのです。紫外線は部屋の中でも強く差し込みますので、長時間浴びるとシミの原因になります。
　私も美白志向のみなさんと同じく、日焼けには気をつけています。特に夏は日傘はマスト！　モデル時代からいわれてきましたが、日焼けはタブーということです。かといって健康的に焼けた黒い肌がダメというわけではありません。
　肌色で運勢が大きく変わるということはありませんが、肌はすべてのベースとなるパーツですから、メイクをする際に支障がないようにしたいもの。
　肌が黄色い人はコントロールカラーで黄味を抑えると良いでしょう。ただし、白さを求めるあまりにワントーン明るいファンデーションを使うのはやめましょう。首の色と合わずツートーンになってしまいます。
　肌に赤みがかかっている人は黄色のコントロールカラーを使ってみてください。自然な感じが出ます。極端な美白を求めずに、自分の地の色がわかれば適切なベースカラーコントロールができますし、開運メイクの第一歩といえます。

髪型は時代によって変化するもの
流行や輪郭に合わせてみて
ただし傷んだ髪はNG！

髪　Hair

　街中見渡しても髪がロングの人が多いですね。そしてカラーリングしている人がほとんど……。黒髪が珍しいくらい。何10年か前の日本では考えられなかった状況です。私も昔は赤髪が好きで赤茶にしていましたが、最近では黒髪にしたままです。でも、黒がベストと思っているわけではなくて、ベージュピンクに憧れたり、いろいろと試してみたい気持ちはあります。カラーリングは痛まない程度に冒険したほうが楽しいです。自分でやってムラが心配な人はプロに相談してみて。
　髪の長さも時代によって千差万別、ショートからロングまで好きな芸能人をマネする人が多いのでは。
　髪型のみで開運！　というのはありません。もちろん、痛んだ髪はあなたの魅力を損ないます。髪は女の命、ですからね。
　髪型自体に人相学の意味はありません。ですが、高校生のころから読者モデルで学んだ、「どのような髪型をすればより自分を可愛らしく見せることができるか？」という経験と、モデル時代にヘアメイクさんから教えてもらった輪郭との相性（メイクのプロの視点）に、本書でこれまで説明してきた人相学からわかる各輪郭の長所と短所を踏まえて、オリジナルの相性表をつくりました。
　輪郭（顔のライン）を丸、四角、三角に分け、それぞれ髪の色と質、長さで項目分けをしています。
　基本的には、自分の輪郭やカラーリングなど総合的な見方をすることであなたにとってベストな開運ヘアが決まっていきます。もしイメチェンや開運メイクを考えているのなら、自分にとって一番相性がよい髪型をベースとしてみてはどうでしょう！？

顔の形でわかるあなたのHappy Hair

顔のラインが丸いあなた
（丸顔・タマゴ型・下膨れ型）

ミディアムの黒髪ストレートがあなたの優しさをUPさせます

髪の長さ \ 髪色・質	黒 ストレート	黒 パーマ（クセ）	茶色 ストレート	茶色 パーマ（クセ）	その他のカラー ストレート	その他のカラー パーマ（クセ）
ロング	○	◎	△	○	△	○
ミディアム	◎	○	○	○	○	△
ショート	△	△	◎	△	△	○

（◎…とても良い、○…良い、△…普通）

顔の形でわかるあなたのHappy Hair

顔のラインが四角いあなた
(面長型・ベース型)

ロングのストレートであなたのセンスに磨きをかけて

髪の長さ \ 髪色・質	黒		茶色		その他のカラー	
	ストレート	パーマ(クセ)	ストレート	パーマ(クセ)	ストレート	パーマ(クセ)
ロング	◎	○	△	○	◎	△
ミディアム	△	○	◎	△	△	○
ショート	△	△	○	△	○	△

(◎…とても良い、○…良い、△…普通)

顔のラインが三角のあなた
(逆三角形型・しゃくれ顎)

**パーマをかけてウェーブを出せば
キツい印象を和らげます**

髪の長さ \ 髪色・質	黒 ストレート	黒 パーマ(クセ)	茶色 ストレート	茶色 パーマ(クセ)	その他のカラー ストレート	その他のカラー パーマ(クセ)
ロング	○	◎	○	△	△	○
ミディアム	△	○	◎	○	○	○
ショート	○	△	△	◎	△	△

(◎…とても良い、○…良い、△…普通)

お洒落に開運を目指すならネイルも必須
カラーで気分もリフレッシュ！
爪の血色には注意して

Nail　爪

　私はいつもネイルをしています。実は私、ネイルでの失敗談があります。ある日、サロンで長いネイルをつけてもらい、「さぁ鑑定するぞ！」とタロットをかきまぜたら、長いネイルのせいでタロットが机から取れない！　お客様に迷惑をかけて冷汗をかきました……それからは自分でネイルをやるようにしました。
　さて、今はデコネイルもバラや蝶、さらには人気の食べ物のモチーフなどたくさん売っていますし、つけ方もいたって簡単！　自分でもやりますが、サロンに行き、プロに自爪にやってもらうことも楽しいですよね。
　ネイルアートは取れやすいのが難点ですが、興味のある人は試してみて。何故なら、それだけでお洒落も決まりますし、ラッキーカラーや柄での開運メイクもできるからです。
　例えば、レッドを強く出すことで勝負運をUPさせたり、グリーンで上司や同僚とのトラブルを回避したり、優しいピンクで爽やかさを演出したり、恋愛運を高めるバラ柄を選んでみるなど……。指先までお洒落に抜かりがないのは、全身がお洒落だという証拠。
　指先までしっかりと注意を払いたいものです。
　ただし、ネイルをつけ続けてしまうと爪が息苦しくなり、黄色くなってしまう可能性があります。化粧のない状態で黄ばむ爪は不健康で運気も逃げてしまいます。ときには休ませてあげることも大事です！

COLUMN

アクセサリーでも開運はできる！

　直接人相占いとは関係しませんが、アクセサリーも大切なパーツです。

　私はメガネとコンタクトレンズをＴＰＯに合わせて使い分けています。驚くのはメガネとコンタクトレンズでは全く印象が違うこと！「メガネ男子」なんていうけれど、男性はメガネをかけると３割増しで印象が良くなったり。女性でも、普段の印象を変えようとするときにコンタクトレンズにしたりしますよね。

　今はカラーコンタクトレンズも多く出てきました。以前はアクアブルーが流行しましたが、日本人には不自然な感じがしますよね。カラーコンタクトレンズは黒目を際立たせるとか、目力を上げるための１アイテムとして使いたいもの。不自然では顔全体のバランスを崩して運気が逃れてしまいます。

　メガネやネックレスなどのアクセサリー類は主に髪型と関係が強いものです。どちらかというと、アクセサリーで決めるのではなくて、髪をバッチリ決めることで輝いてきます。

　一般にメガネが知性あるイメージを与えるのは、目が知性を強くあらわす場所だからです。ですので、自分の目に自信がない人はメガネをかけることで目にポイントを置き、知性やクールさをＵＰすることができるのです。また、その反対にメガネをコンタクトレンズに変えるというのは、クールさを抑えて暖かい印象を相手に与えるわけです。

　ただし、コンタクトレンズはドライアイに要注意！　目は人相学では川を意味し、適度な潤いがあることが求められますので、デスクワークの多い人はマメに目薬を指すなどして目を守ってあげてください。

　アクセサリーの代表ともいえるピアスとイヤリングですが、できればイヤリングをオススメ。というのは、ピアス穴は人相学上はキズとして見ます。耳は生まれ持った運や金運を司るということは説明しましたよね。金運の

ある場所に穴を空けては、そこから運気が逃げてしまう、ということです。また、耳は開運メイク術のない、顔の中では最も揺るぎない箇所で、一生不変の相です。良い耳を持つ人はそれを大事にし、イヤリングなどでお洒落をしてみてはどうでしょうか。イヤリングは耳たぶにつけるもので、ここを強化することになりますから、金運ＵＰしたい人にはオススメです。

　そのほかのアクセサリーについても、時代の流行がありますが、自分の肌色と合わせて選んでみてください。色白な人はプラチナや銀で、肌色が濃い人は金が相性抜群です！

　ネックレスは女性らしさを高めるアイテムです。恋愛運をＵＰさせたい人は、バラやハートが取り込まれたネックレスが良いでしょう。バラは愛の象徴です。ネックレスは何といっても、洋服とのバランスが重要！　イヤリングも同様です。

　また、重ねつけも良いでしょう。シルバーやゴールドは、華やかにしたいときや、自信をつけたいときにオススメ。遊び心が欲しいときは、木製のものを選んでみて。

参考文献

宮沢みち『人相診断』（説話社）
日本占術協会編『世界占術大事典』（実業之日本社）
アフィ『恋が上手くいかない理由は全部顔！』（講談社）
やすこ『顔占い　運が開ける人相術』（幻冬舎ルネッサンス）
寺田のり子『開運メイク　今の化粧法はおやめなさい』（青春出版社）
大和田斎眠『すぐに役立つ人相の見方』（棋苑図書）
アフィ『LOVE LOVE MAKE』（実業之日本社）
Kasumi『女は見た目が10割！』（大和書房）
鈴木香月『顔風水』（PHP研究所）
鈴木香月『恋愛・顔風水　完全版』（大和出版）

おわりに

❋

　顔とは不思議なものですね。
　その人そのものがあらわれます。
　本書を読んでみてみなさんは自分や気になる人がどういう人か、感じ取れたでしょうか？　自分はこういう人間なのだと納得された人もいるでしょう。あらためて自分の顔を好きになった人もいるのではないでしょうか。
　メイクは驚くべき力を発揮します。人相学に基づくメイク術ですから、自信を持って開運メイク術に挑んでください。
　やってみようかな？　と思う気持ちからあなたの人生の変化が始まるのだと思います。
　良い相とわかるのもうれしいことですが、実生活に開運メイク術を取り入れてさらなる運気上昇を。
　その反面、意外なこともたくさんあると思います。
　自分の顔が嫌いだった人もいるのでは。でも、本書でご紹介しているように、開運メイク術でいくらでも変身することができます。その顔はみんなを引きつける良い相となるでしょう。
　開運メイク術で幸運を呼び込みましょう！
　ご愛読ありがとうございました。

　みなさんの幸せを祈って。

プロフィール
マドモアゼル・ミータン

10月26日（蠍座）生まれのO型。神奈川県出身。8歳のころから占いをはじめ、モデルを経た後、独学で占い師として独立。得意な占術はタロット、西洋占星術、手相・人相、透視・霊視。驚異の透視能力とインスピレーションタロットでファンを増やし続けている。対面・電話による個人鑑定以外にもテレビ出演や雑誌連載など幅広く活躍。著書に『夢占い』（西東社）がある。

http://www.mi-tan.net/

72のアドバイス　幸せをつかむ人相占い入門

発行日	2009年4月10日　初版発行
著　者	マドモアゼル・ミータン
発行者	酒井文人
発行所	株式会社 説話社
	〒169-8077 東京都新宿区西早稲田 1-1-6
	電話／03-3204-8288（販売）03-3204-5185（編集）
	振替口座／00160-8-69378
	URL http://www.setsuwa.co.jp/
イラスト	渡邊昌子
デザイン	染谷千秋（8th Wonder）
編集担当	高木利幸

印刷・製本　株式会社 平河工業社
© Mademoiselle Mi-tan Printed in Japan 2009
ISBN 978-4-916217-68-4　C2011

落丁本・乱丁本はお取り替えいたします。